Helen Meier
Adieu, Herr Landammann

Helen Meier

Adieu, Herr Landammann!

Sieben Begegnungen mit
Jacob Zellweger-Zuberbühler

Appenzeller Verlag

Copyright:	© 2001 by Appenzeller Verlag, CH-9101 Herisau Alle Rechte der Verbreitung, auch durch Film, Radio und Fernsehen, fotomechanische Wiedergabe, Tonträger, elektronische Datenträger und auszugsweisen Nachdruck sind vorbehalten.
Satz und Druck:	Appenzeller Medienhaus, 9101 Herisau
Bindearbeiten:	Buchbinderei Burkhardt AG, 8617 Mönchaltorf
ISBN:	3-85882-324-4

www.appenzellerverlag.ch

I.

Monsieur, ich habe Sie erwartet. Dass Sie meiner Einladung gefolgt sind, ehrt mich. Wie haben Sie den Weg durch die Jahrhunderte zurück gefunden? Das Wohn- und Geschäftshaus Ihres Schwagers, des Landeszeugherrn und Kaufmanns Michael Tobler, sei Ihnen bestens bekannt? Sie seien sehr oft durch das Gartenportal eingetreten, die Eisentüren im Korridor seien offen gestanden für Sie, und in den Kontorräumen hätten Sie oft über geschäftliche Dinge wie auch über Familienangelegenheiten gesprochen? Monsieur, begleiten Sie mich durch das Treppenhaus, über sandsteinerne, dann über bequeme, dem Menschen angemessene Eichenstufen. Sie erinnern sich an das Geländer aus Nussbaumholz, seine neugotischen Kreuzbogen und klassizistischen Staketen sollen aus der Bauzeit des Hauses stammen. In die vier Stockwerke sind Mietwohnungen eingebaut worden, und eine davon ist meine Wohnung. Dass mein Wohlgefallen an ihr von langer Dauer ist, hoffe ich, von längerer als das Recht meiner Sinne, aus dem Ungewohnten ein Gewohntes zu machen und sich damit von Eindrücken zu befreien. Treten Sie bitte ein, Monsieur, nehmen Sie noch nicht Platz, mein Herr, bleiben Sie an einem der hohen Fenster stehen. Sehen Sie, drüben, ja dort, Ihr Palast, über dessen Baupläne Sie während Ihrer Festungshaft mit Ihren Freunden disputierten, steht noch am selben Platz. Die Technik der Nachrichtenübermittlung hat kleine Änderungen mit sich gebracht, lassen Sie sich von der Funkantenne nicht stören, Anlage und Wirkung sind unverändert. Gegenüber steht der breitere, weniger mächtige Palast Ihres Vaters, etwas schräg entfernt der lang gezogene fünfeckige Ihres Bruders, neben dem Ihren steht der, wie mir scheint, leichtfüssige Palast Ihres Onkels, alle bilden, zusammen mit der eleganten Kirche – auch ein Bauwerk Ihrer Familie – mit dem Raum vor und neben sich einen städtischen Platz, gegen das Tal hin abgeschlossen, nach Süden überraschend offen. Ich erzähle Ihnen, was Sie schon wissen, aber es gibt kein anderes Erzählen. Ihre Freunde, mein Herr, die Feinde, die Schweiger, die Neider, die Schadenfreudigen mochten weiterhin in Festungshaft bleiben, Sie wurden aus ihr befreit. Trinken wir darauf ein Glas. Schön, dass Sie reich sind. Die Franzosen erkannten die Herren, mit denen sie zu rechnen hatten. Geld riecht stark. Es verursacht Höflichkeit. Höflich wurden Sie und Ihre Politikerfreunde in ein Zimmer gebeten, erinnern Sie sich?, man liess Speisen bringen, auf Ihre Anordnung hin keine Gefangenenkost, liess Sie disputieren, schreiben, einzig der Schlüssel zum Hauptportal fehlte, vor dem Zimmer stand eine Wache. Mit der Zeit verliess auch die ihren Posten, und der Weg war unversperrt.

Mit der Zeit kommen die Geheimnisse, und die, wohl oder übel, sind es, die interessieren. Unumgänglich, dass die Geheimnisse stets unter das Bekannte gemischt, nicht davon zu trennen sind. Ich langweile mich leicht, und Sie habe ich erwählt, uns beide gut zu unterhalten.

Ein Aufzählen, Zuzählen, Wegzählen ergibt kein Leben. Das Leben ist kein Gemälde, auf dem Schlachten geschlagen werden, Fahnen knattern, Helme blitzen und Menschen malerisch sterben. Wie soll ich Sie anreden, Monsieur? Ich kann Sie mir nicht ersinnen, warum lasse ich Sie nicht auf dem Friedhof des Gewesenen. Doch was mein Inneres nach aussen spiegelt, wird meine Realität, was real oder irreal um mich ist, muss durch meinen Kopf. Und der schwankt, und manchmal verlässt er mich. Dazu fröne ich dem Irrtum, mit der Kindheit eines Menschen beginne sein Schicksal. In welchem Alter kamen Sie unter die Fuchtel des Vaters? Verzeihen Sie, hochwillkommener Herr, ich stelle Ihnen plumpe Fragen. Wie soll ich sonst mit Ihnen ins Gespräch kommen, ratend erraten, mich Ihnen nähern. Ich versichere Ihnen, auch Sie werden erleichtert sein, mein Gast zu werden. Hier gibt es zu trinken, gute Speise, hier können wir erzählen, uns erinnern, hier dürfen wir, wenn es uns überkommt, weinen, lachen und glücklich sein, dass wir atmen.

Ihr Vater! Jetzt purzeln mir die gebräuchlichen Worte ungehemmt zu: arbeitssüchtig, dem Genuss gelingender Geschäfte ergeben, unnützer Verschwendung abgeneigt, Pferdeschlittenfahrt, Bal masqué, Müssiggang, jede Art von Zügellosigkeit, Langschläfer, Körperspieler, Phantasterei verachtend. Erst im Alter begann er Tafelfreuden zu mögen, Nachtigallen, Lerchen, Aale, wilde Enten. Er trägt keine Perücken, trägt eine abschätzige Miene. Seine Blicke stechen. Aus dem geschliffenen Oval seines Kopfes hängt das starke Kinn. Selbst auf dem Porträt flösst er Achtung, ja Furcht ein. Der Mantelpelz ist hochgeschlagen, das Tuch des feinen Hemdes ziert ihn wenig. Ihr Vater ähnelt seinem Vater nur in der länglichen Form des Gesichts, im ausgeprägten Kinn.

Ich betrachte das Bild Ihres Grossvaters, gepuderte Locken, Samt, zierliche Halskrause, feine Mousselinestickerei über den Handgelenken, schmale weiche Hände, volle Lippen lächeln zufrieden. Und Sie? Wahrscheinlich sind Sie der Mutter ähnlich, von ihr habe ich kein Bild gefunden. Sie sind, ich möchte sagen, ein schöner Mann mit breitruhendem Gesicht, in Seide gekleidet, mit dicht gewelltem Kopfhaar, vollem Mund, dunklen Augen, Nase, Lippen, Augen auffallend gross, angenehm üppig verleiblicht, nicht flachbäuchig. Aber Herrgott, Ihr Vater! Mit dreizehn lernte er Latein, las die Römer, leitete mit fünfzehn die Geschäftsfiliale in Lyon. Er und Ihre Mutter ritten zu Pferde über windige Pässe, in engen Schluchten, durch die kein Weg für Kutschen führte, hinab nach Genua. Er suchte seinesgleichen, Kaufleute, er suchte Hafenbeamte, Schiffseigner, Fuhrwerker, Spinnereien, liess das Garn über die Alpen bringen, Garn für die Tausenden von Webern, kaufte Baumwolle, liess sie über die Alpen bringen, Baumwolle für heimatliche und ausserheimatliche Spinnstuben und Spinnsäle. Die sich vergrössernde verfächernde Textilindustrie bündelte sich in seinem Kopf, in seiner Tatkraft. Die Landmänner wählten ihn zum Landesfähnrich. Das Amt hielt ihn vom Geschäften ab, kühl schuf er sich Feinde, wurde zu seiner Erleichterung nicht wieder gewählt. Gewaltig mehrte er das Vermögen, gründete eine Niederlassung in Barcelona, trieb Grosshandel mit Rohbaumwolle und Baumwollgeweben, verkaufte in Deutschland, Polen, Russland, Italien, Frankreich, Spanien, korrespondierte mit Honoratioren aus Zürich, Basel, Bern, dem Landvogt zu Bregenz, mit genuesischen Fürsten, mit dem französischen Gesandten in Solothurn, präsidierte die Helvetische Gesellschaft, nährte in weitem Umkreis die Hungernden, floh vor den Franzosen mit Familie und Ware, schützte seine Güter vor Konfiskation, regierte und korrespondierte. Am Begräbnistage seiner Frau starb der Untadlige 1802, 72-jährig, hinterliess drei Millionen Gulden. Das wäre heute wie viel wert? Weder Sie noch ich mögen rechnen. Wohin fliegt der Schatten eines Bildes? Wer will an Gestalten ritzen? Die dunkle Schicht hervorbringen? Der Patriarch soll für immer hochleben, sterben einmal nur, lebenssatt, gezeichnet von einem einzigen Laster, der Arbeit. Dem Wirt im abgelegenen Lotterhaus, der an Ihres Vaters Kammertür rüttelte, gelang es nicht, ihn zu berauben, ihn zu ermorden. Wehrhaft wach, entkam er dem Mordanschlag, bedankte sich dafür bei Gott. Wer zu den Besitzenden gehört, kann sich furchtlose Gottesfurcht leisten. Wer gelehrt ist, kann edel sein. Schon seine Geburt erhebt ihn in den Rang der Erwählten.

Ich sitze vor blassbläulich vergilbten Bogen, eng beschrieben mit feiner Feder. *Brüderliche Anrede an die Staatsgefangenen zu Aarburg am 1. Jan. 1803. Liebe Freunde und Brüder! Schwer-*

lich feyert auf der ganzen weiten Erde eine Gesellschaft von Freunden den ersten Tag des Jahres in der sonderbaren Laage, in der wir ihn begehen. Schon bald zwei Monate sind wir aus dem trauten Kreis unserer Familien weggeführt, auf diese alte Feste gebracht, ohne dass wir wissen, was man uns eigentlich zur Last legt ... An jedem Ihrer verschlungenen Sätze sitze ich lange, entziffere sie wortweise, mit wechselndem Erfolg. Ihre deutsche Handschrift ist eine Hieroglyphe, Zeile um Zeile erstarrt in feinstem Gekritzel, mit dekorativen Wortanfängen und erschwachenden Enden am Rande des Papiers. Im Diarium blättere ich, noch feiner, enger, unleserlicher beschrieben. *Es wurde den Deportierten das weisse Zimmer des Commandanten ... angewiesen, in demselben befanden sich 6 Caserne Betten, dürftig mit Kissen, Madrazen und leichten Wolldecken versehen ...* Es mangelt mir an Geduld für weitere mühsame Entzifferungen. Sie kennen zu lernen, in dem, was Sie selbst für wert hielten aufzuschreiben, wenn ich Sie zu Gast haben will, müsste das meine Aufgabe werden. Was andere über Sie herausgefunden haben, ist billig zu haben. Was Sie mündlich gesagt haben sollen, ist ohne Gewähr, verändert sich von Mund zu Mund. Aber nicht nur erscheint es mir unmöglich, Ihr Gekritzel zu lesen, ich fürchte, es bringt mir nicht das, was ich suche. Ich finde Floskeln, einen umständlichen Stil, ein Verschweigen. Aah, da entdecke ich was im Buch des Historikers: *Je suis bien mécontent de sa tenue des Livres. Il nous a été impossible de trouver la solde de la caisse de Lyon et nous avons trouvé nombres des fautes ... ce qui prouve, qu'il ne réfléchit pas bien à ce qu'il fait ... il lui faut absolument plus d'activité dans sa tête, car on ne perfectione rien en sommeilant or travaillant avec nonchalence.* Das schrieb Ihr Vater an Ihren Bruder, der ihm ähnlicher ist als Sie. Ich nehme an, dass Sie ihn als Kind fürchteten. Oder fürchtete er Sie? Das Ebenbild seiner vermutlich schönen Frau aus angesehenem Zürcher Geschlecht. Wie hat er Ihnen Ihr Zuspätkommen zum Mittagstisch, das Schwänzen von Schulstunden, das Belügen des

Hauslehrers ausgetrieben? Unter den Augen der Köchin, die Mutter beaufsichtigte die Garnausgabe, stopften Sie sich Ihr Mündchen mit Zucker, gehörten Sie doch zu den Kindern, denen einzig durch ihre bezaubernden Blicke, die weichen Händchen, die runden Wängelchen, das gelockte Haar Ungehorsam nachgesehen wurde. Entdecke ich Sie bei verbotenen Spielen, dem Entfachen und Löschen von Feuerchen? Möglich ist, dass Ihre ganze Natur nach dem Warmen, Weichen drängte, dass Sie litten unter der Kälte in Schlafzimmern und Wohnräumen, unter der Härte der Matratze, des Wasserstrahls, der Härte von Stuhl und Bank, ohne Gewahr zu werden, was Sie ermangelten, wonach Sie eigentlich strebten.

Ich sehe Sie in der hintersten Ecke des Tuchmagazins zittern. Sie starren dem Hund in die gelben Pupillen. Er ist fürchterlich nackt, weisse Dolche die Zähne. Das Tier legt sich. Sie rühren sich nicht. Nach langer Zeit getrauen Sie sich, einen Schritt zu machen. Der Hund öffnet sein Auge. Sie bewegen sich nicht. Sein riesiger Kopf liegt auf dem Boden. Langsam schieben Sie sich an ihm vorbei. Plötzlich überkommt Sie ein fürchterlicher Mut. Sie tanzen um ihn herum, packen den Schwanz, hart wie ein Stecken. Der Hund jault, seine Tatzen kratzen an Ihnen. Sie brüllen, reissen die Arme hoch. Der Hund setzt sich, schaut Sie demütig an. – Sie sitzen vor verschlossenem Tor. Der Vater hat Sie eingesperrt. Ihre Fäuste schmerzen.

Höre ich während den väterlichen Lesungen aus der Bibel, abends zur selben Stunde, heimliche oder offene Geräusche auf einem Brett, von Würfeln, die Sie nach dem Kirchgang einem Älteren im Tausch mit ein paar Kreuzern abgenommen haben? Ich möchte Sie als trotzig Zuwiderhandelnden sehen, oder ist es anders, waren Sie ein still gefügiges Kind, den Verdruss hinunterwürgend. Bevor ernstliche Kämpfe mit ihm ausbrachen, wurden Sie ins Ausland verbracht.

Ich sitze über Ihren Schriften, übe mich im Lesen. Seit Tagen schneit es, das Dorf versinkt hinter Mauern, Schneeenge macht die Erde gross. Ununterbrochen fahren Pflüge, auf der Strasse liegt dicker Matsch. Das nächste Dorf liegt weit entfernt. Ich spüre etwas von den geographischen Räumen Ihrer Zeit. Wege waren unpassierbar, Kutschen blieben stecken, Pferde rutschten, Wanderer mühten sich stundenlang für ein paar Kilometer. Jede Nachricht brauchte Wochen. Ungewiss war die Ankunft. Briefe erreichten Verstorbene. Fragen lösten sich, bevor die Antwort eintraf. Altes Geschehen wurde vernommen, als sei es jung. War der Mensch Ihrer Zeit geduldig, langmütig, fatalistisch? Ob die Geliebte noch lebte, war nicht zu erfahren, wozu sich ängstigen. Falls sie krank geworden, war sie vielleicht schon genesen oder auch begraben.

Das verschollene Wort Sittsamkeit kommt hoch, wenn ich das Bild Ihrer Braut ansehe. Wo hätten Sie denn ausser der Ehe Liebe haben können mit ihr, die keine arme Kleinbauerntochter, keine mittellose Weberin, keine lumpige Dahergelaufene sein durfte. Eine frühbelehrte sprachkundige Arzttochter aus wohlhabendem Haus war sie, fügte sich den Bräuchen. Ausserdem waren Sie kein Unmensch, die beste Partie weit und breit, und sie liebreizend keck, hat ein Grübchen in der Wange, blickt mit ernsten Augen. Auf ihrem sehr jungen Gesicht liegt eine seltsame eigenwillige Stärke. Siebzehn Kinder gebar sie, eine unvorstellbare Zahl. Alle Jahre wieder kam sie nieder, mit elf Söhnen, sechs Töchtern, legte drei Töchter und sechs Söhne in kleine Särge, drei in derselben Woche, fünf Söhne und drei Töchter, die widerstandsfähigsten, überlebten. Ihr Hochzeitsfest war prächtig. Mit vier Sänften, vierzig Pferden, mit Kanonendonner und der Parade einer Grenadierkompanie zogen Sie beide ein ins Dorf. Nach drei Tagen Festlichkeiten, nach der Speisung der Armen, begann das energische Leben Ihrer Anna Barbara, bemerkenswert für mich, die keinen Napoleon je erblickt, keine Helden mit Gesprächen entzückt. Für mich, die sich ihre Aufgabe künstlich stellen muss, die im Ungetanen sich bewegt, im Unansehnlichen unansehnlicher wird, ist ein tatkräftiges Leben wie das Ihrer Frau eine Sehnsucht. Ihre frischen Eilbriefe, Expresses genannt, lese ich wie Sie, mein Herr, mit Vergnügen.

Halt! Welch wildes Durcheinander! Gehen Sie gefälligst und sorgsam meinem Lebenslauf nach! Sie machen mich von einem Festungsinhaftierten zu einem Untertanen eines mächtigen lobgepriesenen Vaters, dann wiederum zu einem Gefangenen, dann zu einem Kind, das schnell vorwärts zu einem Bräutigam sich wandelt, der alsbald siebzehn Kinder zeugt, die kaum geboren, schon gestorben sind, während meine Gemahlin Briefe schreibt.

Sehr geehrter Herr, ich höre Sie, und ich will mich zügeln. Aber alles, was ich von Ihnen weiss, habe ich aus Büchern von Historikern, und ich folge Büchern nicht gern. Darum verzeihen Sie das anfängliche Chaos. Leben ist Chaos, fügt sich keinen Regeln. Doch ich will mich jetzt einer äusseren Ordnung fügen.

1770 kamen Sie zur Welt als dritter Sohn des Kauf- und Handelsherrn Johannes Zellweger-Hirzel in Trogen, wurden auf den Namen Jacob getauft. Sie gerieten unter Erziehung, auch die eines Hauslehrers, kamen als Fünfzehnjähriger in die Lehre nach Lyon, dann nach Barcelona, kehrten mit neunzehn zurück, wurden drei Jahre später Teilhaber im Hauptgeschäft, vertraten Ihren Bruder in Genua, heirateten mit dreiundzwanzig die achtzehnjährige Anna Barbara Zuberbühler aus Speicher.

Fünf Jahre darauf schwappte die französische Revolution auch in das kleine Land zwischen den vorderländischen Hügeln über dem Bodensee und dem Alpstein im Hinterland oder andersherum: in das Land mit dem Gebirge im Süden und dem Schwäbischen Meer im Norden.

1798 gerieten die Appenzeller, die Ansichten und Ideen hatten, heftig aneinander. Das Zentrum der Franzosenfeinde wurde Trogen, Herisau das Zentrum der Revolutionsfreunde. Die einen wollten die alte Ordnung noch nicht aufgeben, doch sagte ihnen die Vernunft, dass sie nicht zu halten sei, die andern wollten das Alte sofort stürzen. Die Landsgemeinde in Trogen verwarf die von den Franzosen diktierte Verfassung, die in Herisau nahm sie an. Es gab hierauf Kriegsrüstungen, Ratsherren flohen.

Wer konnte lesen, die Flugblätter des Aufruhrs lesen, die Broschüren mit den seltsamen Worten Freiheit, Gleichheit, Brüderlichkeit? Die Obrigkeit und die an der Obrigkeit Beteiligten, Landammann, Landesstatthalter, Landeszeugherr, Landessäckelmeister, Grosser Rat, Kleiner Rat, Landschreiber, die Oberschicht, der Pfarrer, der Mediziner, der Anwalt, der Kaufmann. Nicht die Kleinbauern, Knechte, Dienstleute, die Weber nicht, die Holzfäller, die Schmiede, die Müller, die Bäcker, die Sargschreiner, die Frauen kaum, nicht das gemeine Volk. Von Mund zu Mund, durch die Wirtshäuser, von Webkeller zu Webkeller gingen die Neuigkeiten und die Gerüchte von den grossen neuen Freiheiten. Ein Aufrührer ritt auf einem Schimmel durch die Lande, hielt feurig wirre Reden. Reden gegen die Obrigkeit, gegen die vielen Verbote, gegen das Bezahlen von Bussen. Bussen hagelten über das ganze Jahr: für das Beschimpfen der hohen Herren, das Versäumen des Gottesdienstes, fürs Viehschlachten, Tücher von der Bleiche nehmen an Sonntagen. Fürs Laufen zu fremden Jahrmärkten und Kirchfesten, fürs Schlittenfahren, Vögelfangen, Steinestossen, Jauchzen an Sonntagen. Für das Schwören, Fluchen, Gotteslästern, für Zauberei und Hexerei auch an Werktagen. Die Verbote, Vorschriften und Verordnungen wurden von den Kanzeln verlesen, auch über das Trinken in Wirtshäusern, über das Heiraten im Allgemeinen, über das Heiraten von Ausländerinnen im Speziellen, über den Beischlaf vor der Ehe, über

Kleidung und Fasnachtswesen. Verboten war die freie Niederlassung und die freie Ausübung eines Gewerbes. Wo versteckte sich denn die alte viel gelobte Freiheit? In der achtzehnstündigen Plackerei am Webstuhl, im Knechtleindasein, im Viehtrieb, im Missachten der Verbote, im Denunzieren, im Gieren nach Süssem oder Scharfem, Biberfladen, Sauermost, bei Hackbrett und Geige, im scherbelnden Guldenklang aus Rahmschüsseln?

Jetzt aber sollten die Verbote und Vorschriften nicht mehr gelten. Keine Herren würde es mehr geben. Alle, Reiche und Arme, Zugewanderte und Niedergelassene würden Bürger mit gleichen Rechten werden? Die Kokarde – Giftäugli genannt – das Zeichen der politischen und militärischen Einheit mit Frankreich pflichtgemäss zu tragen, das aber verweigerten die meisten. Sollten sie denn keine Appenzeller mehr sein? Stattdessen zusammen mit den Innerrhodern und den Rheintalern in einem Kanton Säntis? Französische Husaren und Grenadiere ritten und marschierten nach Trogen und stellten die Ruhe wieder her. Für die Gemeinde beliefen sich die Ausgaben für Truppenunterkunft und Verköstigung vom September 1798 bis zum Mai 1801 auf 63 977 Gulden 7 Kreuzer. Die uralte Freiheit des Appenzellers, die Freiheit von Steuern, war vorbei. Worin hatte sie denn noch bestanden, die vorrevolutionäre Freiheit? Aus dem Männergang zur Landsgemeinde, einmal im Jahr, wo zu jener Zeit viel geschrien und geprügelt wurde.

Kein Paket Garn, kein Ballen Baumwolle fuhr mehr über den Rhein. Webstühle standen still, das bedeutete Not, bedeutete Hunger. Im Dezember 1799 schmuggelte Ihr Bruder Johann Caspar von Genua her englisches Garn über die Grenze. Im Tirol, unter die russische Armee geraten, schmückte er kurzerhand seine Kutsche mit der russischen Fahne, und die Trosse liessen sein Gefährt in der Mitte der

Strasse eilen. Um die fünfhundert Weber drängten sich hierauf vor der Türe Ihres Vaters.

Mein Herr, ich rede zu viel und Sie überhaupt nicht.

Und wohin ist meine Freiheit? Sie wissen nicht, mein Herr, dass auch bei mir eine Zeitenwende eingetreten ist. Auch ich muss mein Denksystem wechseln und das sei das Schwierigste, sagt ein Wissenschafter. Jugendworte, Frühworte, Mittelzeitworte sind dünn geworden, ein scharfer Wind zerfetzt sie. Ich bin gezwungen, sie auszuwechseln in Spätworte, in Altersworte, die weder stinken noch missmutig sind, nicht mit gräulicher Farbe behaftet, nicht von gallopierender Schwindsucht bedroht wären, kurz: Was zuvor Geschenk war, wird jetzt … schon fehlt mir, was ich suche. Wissen Sie Bescheid, mein Herr, wie in den Verwitterungen, Verwerfungen, in den Faltenwürfen, an den verbleibenden Wasserstellen ein Lager aufzuschlagen ist? Beginnt das Überlebenstraining? Lesen, lesen? Ausschneiden? Einsetzen? Viel und sehr geehrter Herr, mit dem ich zu reden versuche, verlassen Sie mich noch nicht. Der Abend ist noch nicht zu Ende.

II.

Schön, dass ich Sie wiedersehe! Darf ich Ihnen etwas anbieten? Den Merlot del Ticino, Affinato in Barrique, kann ich Ihnen empfehlen. Salute!

Ich gratuliere! Die Kantonstagsatzung in Appenzell wählte Sie als ihren Vertreter in der helvetischen Regierung. In Aarau gehörten Sie mit Kopf und Herz, mit Verstand und Überzeugung zur föderalistischen Gruppe, welche die Kantonsrechte wahren wollte. Nach dem Sieg der Unitaristen fügten sich die Föderalisten nicht dem Mehrheitsbeschluss und traten aus der Regierung aus. Die Franzosen stürzten diese Regierung, denn sie weigerte sich, ihnen das Wallis herzugeben. Die Föderalisten bildeten nun mit der Unterstützung Frankreichs einen Senat. Sie wurden, als Vertreter des Kantons Säntis, 1801 in diesen so genannten Redingschen Senat gewählt und betrieben mit Kraft die Wiederherstellung des Kantons Appenzell Ausserrhoden. Wie zuvor die helvetische Tagsatzung blieb auch der Senat in der Walliserfrage hart. 1802 wurde deshalb der Senat vom französichen Gesandten aufgelöst. Appenzell Ausserrhoden blieb weiterhin ein Teil des Kantons Säntis und hatte keine Landsgemeinde.

Im Juli 1802 zog Bonaparte die Bataillone aus der Schweiz zurück. Im Appenzellerland brachen wiederum Unruhe und Aufstand aus. Eine der Ursachen sei das Fehlen der Landsgemeinde gewesen. Stimmt das, Herr Senator? Was vermissten die Appenzeller? Das Wandern von den Hügeln hinunter auf einen Platz, zurzeit voll mit Sandsteinquadern für Ihren Palast – *der theuerste Herr Vater*, dem Sie der gehorsamste Sohn gewesen waren, hatte kein Vetorecht mehr, tot war er – das Böllern, das Erheben der männlichen Arme, das

Niederschreien der Gegenpartei, die Flucht der Verprügelten, die Flucht der Prügler. Ich wiederhole mich. Gleicht die Geschichte einer Mühle? Im August 1802, nach beinahe drei landsgemeindelosen Jahren, gelang es, die Männer wiederum zu versammeln, und Sie wurden mit Hurra zum regierenden Landammann gewählt, Sie, in dem alle ihren Retter erblickten. Sie sträubten sich zwar vor dem hohen Amt mit zierlichen Wendungen über Ihre im Ausland verbrachten Jugendjahre und Ihre Unerfahrenheit in Sachen Politik. Ich freue mich mit Ihnen. Sie sind der Beste, der überhaupt gewählt werden konnte. Ich sehe Ihre hohe füllige Gestalt gern dort oben auf dem Stuhl. Ich vermute, Sie besitzen selbstgewisse natürliche Autorität, Redetalent und Charme, und es gelingt Ihnen leicht, sich Menschen unterzuordnen. Fühlten Sie sich nun von der Geschäftemacherei erlöst? Befreit vom Addieren, Subtrahieren in düsteren Kontoren, entbunden von den gleichbleibenden Schreibereien mit den Chefs der Filialen, den Sorgen über Preisstürze und Preisflüge enthoben?

Schon früher in Wien, im Frühjahr 1801, in der Rolle eines selbst ernannten Aussenministers, hatten Sie sich wohl befunden. Wie ist es denn dort gewesen? Wenn Sie doch erzählen würden! Und es mir leichter machten. Ihr Vater hatte Sie mit einem Empfehlungsschreiben an den Hof geschickt, um herauszufinden, ob die Ausserrhoder das Recht hätten, ihren alten Kanton wiederherzustellen, entgegen den Beschlüssen Napoleons. Sie machten sich zum Sprecher des ganzen Kantons, und obwohl Sie noch Privatmann waren, zum Sprecher gesamtschweizerischer Angelegenheiten. Nach zeitraubendem Antichambrieren gelangten Sie zu einer Audienz beim Kaiser Franz, überreichten ihm Ihre Bittschrift. Unterredungen mit Mächtigen, Handeln statt Zusehen, Bestätigung eigener Schwerkraft, höfisches Ränkespiel, nach anfänglichem Zögern wagten Sie es, und ich auch, ein glühendes Herz gebe ich Ihnen, noch vollere Lippen, rasches

Lernen des richtigen Auftretens, Bewegens, Redens, Verschweigens, der diplomatischen Hüllen. Die ganze Mission verlief ergebnislos, wen scherte es? Weltmännischer geworden, sammelten Sie Welt, Sie rochen anders, bewegten sich gewandter. Ihr Deutsch war verbessert, verfeinert, Sie gefallen mir.

Nun bringen Sie mich schon eine Weile in Verwirrung, Monsieur, beziehungsweise Ihre Zeit, genannt Helvetik. Die bringt mich ins Schleudern. Ein Durcheinander von Reformpartei und Konservativen, Bundesschwüren und Nichtbundesschwüren, Streit von Unitaristen gegen Föderalisten und umgekehrt, das Aufrichten und Umsägen von Freiheitsbäumen, die erzwungenen Annahmen und Verwerfungen von Verfassungen, Einmärsche und Ausmärsche französischer, österreichischer, russischer Armeen, Zerwürfnisse um den Kanton Säntis, Streit mit Innerrhoden, noch anderes, alles in der erbarmungslosen Vergessenheit der Nachgeborenen begraben. Ersparen Sie es mir, jene Entwürfe und Verwerfungen logisch chronologisch aufzuzählen. Seien Sie deswegen nicht beleidigt. Haben Sie sich für die Interessen Ihrer Urururgrossväter erwärmen können?

Und die Leiden – die bleiben zu allen Zeiten nie gezählt, unerzählt. Dort, wo Sie waren, waren Sie mit Kraft, das ist die Hauptsache, Sie trieben die Meinungen vor und zurück, kämpften an der Front des Verbalen. Ich nehme Ihnen Ihre häufigen Worte von der Rettung des lieben Vaterlandes ab, es zu retten vor dem Kriegsherrn und den französischen Weltherrschaftsansprüchen und Handelsmonopolen. Es zu bewahren auch vor diesen nichts als Gräuel bringenden Ideen von Gleichheit und Zentralismus. Sie sind ein Individualist, Sie wissen, dass die Menschen nicht gleich sind, nie gleich sein können, dass es solche gibt, die zu Reichtum und Regentschaft geboren sind und andere eben nicht. Sie wussten, dass eine zentralistische Einheitsregierung nach

Frankreichs Art nicht zu Ihrem Volk, das Sie als das Ihre betrachteten, passte. Oder wären Sie viel lieber ein Diktator gewesen, der auf keine Volksmeinung Rücksicht zu nehmen brauchte? Der selbstherrliche Stratege Napoleon, geisterte der durch Ihre Träume? Widersprechen Sie mir, falls ich mich irre. Sie können mir vorwerfen, dass ich es mir leicht mache. Eines entschuldigt mich, was mich interessiert, sind Sie als Mensch, Ihre Schwächen, Fallgruben, Lüste, Triebe, Ihre Enttäuschungen, Freuden, Ihr Glück und Leid und Ihr Hass. Ist das ein von Ihnen und von mir nicht erfüllbarer Anspruch? Sie sind ein Wall, den ich erstürmen möchte, mit schwer zu findenden Worten.

Warum wurden Sie eigentlich in die Feste Aarburg eingesperrt? *Rapp oder Schimmel, wir bleiben!*, rufen Sie. Ich höre Ihr Lachen. In Schwyz riefen Sie es, Herbst 1802, an der Konferenz der fünf föderalistisch gesinnten Kantone, beim erneuten Versuch einer Reorganisation des lieben Vaterlandes. Die aristokratischen Kantone weigerten sich, dabei mitzumachen, aber Sie überzeugten das mächtige Bern. Sie und die fünf Delegierten stellten nun eine Gegenregierung zur helvetischen auf. Eben wollte die helvetische vor den Truppen der Gegenregierung über den Genfersee fliehen, da erschien der Adjutant des Ersten Consuls, General Rapp, und trug die napoleonische Vermittlungsakte unter dem Arm. Die Gegenregierung aber lehnte jede Einmischung Frankreichs ab. Nach Paris zu Verhandlungen oder Haft, teilte man Ihnen mit. Sie und Ihre Freunde blieben standhaft. Im Oktober 1802 rückten die Franzosen bei Basel wieder ein, und der föderalistische Aufstand war zu Ende. Am 8. November 1802 wurden Sie verhaftet und auf die Feste gebracht. Ihre Gefangenschaft dauerte bis zum 11. Februar 1803.

Un des plus riches particuliers de la Suisse, exaspéré, peu instruit, habe noch vor Ihrer Gefangenschaft ein Général einem anderen zugeflüstert. Unter *particulier* vermute ich allerhand Ausschweifendes, Unzeitgemässes. Das *peu instruit* missfällt mir nicht. Nur die Franzosen meinen, sie seien über alles in Kenntnis gesetzt. Glänzend war Ihre gesellschaftliche Stellung als Mitglied des Redingschen Senates in Bern. Ihre Wohnung war voll nächtlicher Feste, ich beneide Sie. Ich hoffe, Sie wurden etwas betrunken, taumelig, selig. Ganz nüchtern würden Sie noch genug zu sein haben. Generöser Gastgeber, der Sie waren, liessen Sie es an nichts fehlen, beste Speisen, feine Weine, Süsses für die Damen, Zigarren und Cognac für die Herren. Sie mochten Spass und Unterhaltung, Komplimente, gebeugte Köpfe. Dann die Gespräche, Männergespräche, ... *eine superbe soirée, wobey man sich aber nicht sonderlich amüsierte, weil man einander von beyden Seiten angesehen hat.* – das ist Ihre Frau Gemahlin – *der Mischmasch war gar zu gross, fürs erste der französische, spanische und cisalpinische Gesandte nebst den Weibern und allen geldfressenden Secretaires, sodann Leuthe aus allen möglichen, jetzigen und ehemaligen Räthen, Oligarchen, Democraten, Aristokraten und Patrioten, sogar der Bürger Ochs Sohn war da, ... dass es ziemlich steif zuging; ich hatte zwar das Glück, Leuthe von meiner Art bey meiner Partie Boston zu haben* ...

Ich, fortwährend in Versuchung, mich in Scheinwelten zu verirren, bin beeindruckt vom nüchternen Auge Ihrer Frau. Nun also, Herr Senator, wenn Sie gestatten, über Soirées und Ihr Angesäuseltsein später.

Wie viele Männer musste der Kanton Appenzell Ausserrhoden ab 1802 an die Generäle des Ersten Consuls abliefern? Auf hundert Einwohner einen waffenfähigen Mann? War das die Gelegenheit Spinner, Alkoholiker, Aufmüpfige, Auffällige, Nichtkirchliche abzuschieben? Dich holt der Bonaparte!, diente solches zur Bezähmung von Jugendlichen?

Manchen gab es, der freiwillig ins Abenteuer lief. Marodieren in fremden Ländern, Fressen, Saufen, Plündern, Vergewaltigen, Schiessen, Stechen, Töten, Getötetwerden war besser als langsames Verserbeln, als Hocken, Schuften und Hungern in Webkellern, dachte sich mancher. Gut bezahlter Kriegsdienst oder schlecht bezahlte Erntearbeit im Allgäu?, fragte sich mancher. Weder Sie, Herr Landammann, noch ich, noch jene Läufer können und konnten ahnen, was eine Schlacht war, eine napoleonische, irgendwo im fernen Europa. Zwischen dem, was ist, und dem dafür sich anbietenden Wort steht das Weltall. Gefallen Ihnen Worte? Genügen sie Ihnen? Dann sind Sie mir ähnlich. Dann sind Sie bei mir am richtigen Ort. Ich hole nochmals eine Flasche, wir machen es uns bequem. Durchschossene Gesichter, durchschossenes Fleisch, splitternde Schädel, zerfetzte Gedärme, gespiesste Knochen, abgeschossene Beine, in Blutlachen schwimmende Augen, ohrenbetäubendes Knallen, Schmerzgeheul von noch Lebenden, Kanonen – nein, nicht Donner, haben Sie je Kanonen gehört?, zerschossene Pferde, Sümpfe von Gekröse und Blut, überall Blut, Blutgestank, kennen Sie das Geräusch eines Bajonetts, das eine Bauchdecke durchsticht, sich zwischen Rippen bohrt, an die Wirbelsäule stösst, ahnen Sie den dazugehörenden Schmerz? – Ich auch nicht. Kennen Sie die Schreie von Pferden?, auch sie schreien; das Verröcheln wird leiser, Pulverrauch verzieht sich, die Nacht, der Nebel kommt, Wölfe schleichen heran, sie suchen noch Warmes. Prost! Wer ist denn gefallen? Ein gefallener Sohn. Hunderttausende gefallener Söhne. In der Einzahl beweint. Jahrelang beweint. Unvergessen. Vergessen.

«Finte, Flankenangriff und ein Feind, der beim Rückzug seine Verbindungslinien abgeschnitten findet», lese ich in einer Biographie Napoleons. «Nach Niederlagen sei er heiter gewesen, nach Siegen düster.» Ich lese die Briefe Ihrer Frau Gemahlin.

Mein Geliebter! ... Gestern Abend haben sich die Umstände des lieben Kleinen sehr verschlimmert, der Atem wurde immer beklemmter, der Umlauf des Blutes gehindert ... ich blieb bei ihm im Stübli bis um 1 Uhr nach Mitternacht, er schlief nie und war auch nie wach, schlug bisweilen die Augen auf, dann wieder zu und war äusserst unruhig, von 1 Uhr an wachte die Susanna bei ihm, um 4 Uhr holte sie mich, weil man alle Augenblicke glaubte, er werde für immer verblassen. Ich schickte nun den Herrn Dr. Aepli zu holen, um 6 Uhr war ein Fuss, ein Ärmli, ein Händli und das Näsli eiskalt, der Mund blau und das liebe Kind ohne Bewusstsein. Herr Dr. Leuthold selbst sagte es seien da mehrere Todeszeichen ... um 8 Uhr brach nach und nach ein Schweiss hervor, der so heftig war, dass das unterste Kopfkissen, deren er 3 hatte, durch und durch nass war. Die Gesichtsfarbe wurde nach und nach wieder lebhafter ... um 11 Uhr sah er sich wieder nach dem Glas um und das Füssli war wieder warm, bisweilen sah er uns ganz starr an und bewegte die Augen nicht, wenn man ihm mit der Hand ganz nah darüber kam ... während dem wir bei Tische sassen, wurde auch das Händli und das Näsli wieder warm, welches H. Doctor für ein gutes Zeichen hält. Nun, abends um 4 Uhr schläft das gute Kind sanft seit einer Stunde, der Atem ist bisweilen noch unterbrochen, doch viel ringer als den Morgen und H. Dr. Aepli ... sagt es sei eine förmliche Brustentzündung und H. Dr. Leuthold hielt es für eine Nervenkrankheit ... Ich hoffe nun zu Gott, dass die Gefahr überstanden sei, mir ist nun wie am Morgen nach seiner Geburt, er ist uns neu geschenkt ... Was mich am meisten interessierte zu wissen das ist wie es mit der Enge gehe und überhaupt Dein Befinden sei, bitte Dich mir es in Rückantwort unfehlbar zu melden ... Heute sagt Hr. Rittmeister, Heer habe gestern in St. Gallen vernommen ... es sei eine Schlacht in Mähren vorgefallen, wo die Österreicher total geschlagen worden seien, aber man weiss nicht wie wo und wann. Herr Dr. Aepli sagt, die Chirurgie und Ärzte selbiger Gegend müssen geschickter sein als die hiesigen, wenn ein Bein abgeschossen sei, so könne man hier nicht sagen, es sei nichts für das Leben zu fürchten ... eine Schlacht, schreibt

Ihre Gemahlin, *wo die Franzosen nur 80 000 Mann verloren haben, die Österreicher aber auch 30 000 und Napoleon sei blessiert …*

Napoleon Bonaparte – und das, was seine Biographen mit ihm zu machen belieben – ruft in mir die widersprüchlichsten Empfindungen herauf, Abscheu, Bewunderung, Zwang zu irgendwelcher Moral, Faszination. Er erliess einen seiner Funken sprühenden Tagesbefehle: «*Soldaten, ich bin mit euch zufrieden. Es genügt, wenn ihr sagt: Ich war bei der Schlacht von Austerlitz, damit man euch antwortet: Das ist ein tapferer Bursche.*» Einerseits habe ich solche Töne in meinem Menschenschlächter-Jahrhundert schon einmal gehört, andererseits ist Napoleon der, der dem heutigen Europa den Weg bereitet hat. Wie ergeht es denn Ihnen, mein Herr, mit diesem Menschenunmenschen, für die einen *ein schreckliches Monster, für den Anfang alles Bösen und das Ende alles Guten*, für die andern *ein sonnenhaftes Genie, ein Bogen von höchster Spannung, von jenem Marmor, woraus man Götter macht*?

Herr Senator, Landammann, Kaufherr, Gemahl und Oberhaupt einer zahlreichen Familie, eine ferne Gestalt, von der ich eine Handbewegung sehe, einen Schritt, ein Forteilen? Sie werfen sich mit Eifer in jene Zeit, die der Historiker die Vermittlung oder die Mediation nennt. Der Kanton Säntis war tot, der Kanton St. Gallen geboren, der Kanton Appenzell wiederhergestellt. Bedenket wohl, habe der Erste Consul in Paris den Abgeordneten der Schweiz zugeredet, *wie wichtig es ist, solch charakteristische Züge zu besitzen* – er meint damit die Landsgemeinden – *diese sind es, die euch den andern Staaten so unähnlich machen und dadurch vom Gedanken, euch mit jenen zu verschmelzen oder einzuverleiben, abhalten.* Unter wahrem Freudengejauchze wurden Sie im März 1803 wiederum zum Landammann gewählt. Kaum entlassen aus der aarburgischen Gefangenschaft, stimmten Sie in die Jauchzer ein. Die Appenzeller hatten die alte Verfassung wieder. Und damit die alte Regentschaft, die Ihre. Ein erneuertes Landmandat zeigte, dass die «Zeit der Sittenlosigkeit und Gottlosigkeit» vorbei war. Damit komme ich aber nicht an Sie heran. Ich müsse Ihnen halt Fleisch und Blut geben? Fleisch und Blut aus Worten? Ich wehre mich gegen diese Forderung. Wieso wollen Sie nochmals auf die Welt kommen? Ist es nicht genug gewesen? Nein? Das ergeht allen so. Niemand bekommt genug von dem, was er will. Es gibt Menschen, die bekommen nie das kleinste Zipfelchen von dem, was sie sich wünschen. Es wird mir auch nie gelingen, Sie mit den Augen Ihrer Zeitgenossen zu sehen. Alles ist anders: Die Landschaft, die Luft, das Licht, die Arbeit, das Reisen, das Essen, die Krankheit, die Kleider, das Wohnen, die Hygiene, die Gerüche, die Geräusche, die Gegenstände, die Unterhaltung, die Tiere, die Pflanzen, der Glaube, die Furcht, die Hoffnung, die Liebe, ja, auch die muss anders gewesen sein, wie anders, ich weiss es nicht, anders, wie Gott anders war, wie er nicht mehr ist. Ist nur die unvermeidbare Einsamkeit dieselbe geblieben? Ich sitze in Ihrem Dorf, 900 Meter über Meer, es ist eines der ältesten des Landes, war nach der Landteilung 1597 der Hauptort des Kantons, besass das Rathaus, das Zeughaus, die Landeskasse, das Archiv, das Siechenhaus, den Pulverturm und den Galgen. Das heisst, die Obergerichtsherrlichkeit. Man war stolz auf den Besitz des Galgens, der Henkerberuf war unehrenhaft, man holte den Henker aus dem St. Gallischen. Die Todesurteile wurden nicht auf dem Dorfplatz vollzogen, ausserhalb des Dorfes wurde geköpft, gehängt und verbrannt. Das Volk strömte in Scharen herbei. Viele wollten das Getötetwerden sehen. Beim Rathaus stand der Pranger, an dem der oder die Verurteilte dem Gespött preisgegeben wurde, auch die Trülle stand dort, in der ein Sträfling längere Zeit mit Schnelligkeit herumgedreht wurde, bis es ihm vor Schwindel sterbensübel war. Über den Platz führte auch der längere oder kürzere

Gang, auf dem die Verurteilten mit entblösstem Rücken Schritt für Schritt zu gehen hatten, bei jedem Schritt peitsche sie der Gerichtsdiener, dass das Blut aufspritzte. Um ein Geständnis eines Diebstahls, einer Brandstiftung, eines Verbrechens gegen die Sittlichkeit, eines Mordes zu erpressen, wurde auch gefoltert. Nur mit einem Geständnis kam es zur Verurteilung. Ich, sehr geehrter Herr, enthalte mich jeden Urteils, da ein Urteilen nichts als Ungelegenheiten bringt und ich jeden Tag die Tagesschau sehe und höre. Die Lehrmeinungen über Recht und Unrecht sind verschieden, die Weltverbesserung verzögert sich. Ihr Mund hat Schmunzellippen. Ein Glückskind sind Sie, fühlen sich wohl in Ihrer Haut, sind von einer Halskrause umschmeichelt. Ihr Maler liebt es, Lippen zu malen, Augen fallen ihm weitaus schwerer. In Ihren Augen kann ich nichts lesen. Sie haben den leeren inwendigen Blick, der mich draussen lässt.

Bei schönem Wetter gleicht der Dorfplatz einem italienischen, gefügt, abstrakt, kühl, Piazza, umsäumt von Palazzi. An dunklen Tagen ist er einer aus dem hohen Norden. In Winternächten, im Dezember, ähnelt er dem aus einem romantischen Film, gleich werden vor der spätbarocken Fassade der Kirche Dolche blitzen, Liebespaare fliehen, Fürstenmäntel aus Kutschen wehen. An einem glitzernden Aprilmorgen ist er eine winzige Aussparung von Licht unter der riesigen Kuppel des Himmels. Ich lese, ich lese! Adieu, bis morgen! Kommen Sie wieder!

III.

Was darf ich Ihnen anbieten? Einen Cabernet Sauvignon, Bel Arbor, Vintner's Selection? Cheers! Ich habe mir viele Kriminalfilme angesehen, einzig ein Mord aus Langeweile ist mir noch nie begegnet. Aus Eifersucht, Rache, Neid, aus intellektuellem Vergnügen, aus Angst, Wut, Ehrgeiz, aus Farbblindheit, Einsamkeit, Geldgier, Sadismus ja, aber nicht aus der Qual heraus, das Leben biete nichts Neues mehr, flach, öde sei es geworden und bleibe, wie es ist, werde sich nie mehr ändern, alle Farbe, Sonne, Hochgefühl und Lustschrei sei bei den andern. Ich könne mir erdenken, was ich wolle, ich breche nie mehr aus dem Gefügten.

Wie müssen sich die Spinnerinnen, für Ihre Firma arbeitend, gelangweilt haben! Zum Verrücktwerden! Schschsch, nichts als schschsch, den ganzen Tag und Tag für Tag. Taggtagg taggtagg taggtagg. Mit dem Klein-, Ring- und Mittelfinger der linken Hand halten sie das Baumwollbüschel, aus dem sie mit Zeigefinger und Daumen Faserbändchen herausziehn, die rechte Hand, die Fallspindel auf und ab bewegend, bringt den Faden auf die Spindel. Das feine Garn, das Lötlingarn für die Mousseline-Weberei, muss von der Spindel weg auf die vierarmige Haspel aufgewunden werden. Tausend Umgänge ergeben einen Schneller, der hat eine Länge von 769 Metern. Die Spinnerei braucht gepflegte Hände, Tastgefühl, Geschicklichkeit. Hände, die an Mistgabeln, Heugabeln, Sicheln und grober Hausarbeit sich vergröbern, sind keine Spinnerinnenhände. Töchtern von landlosen oder landarmen Heimarbeitern, verwitweten, ledigen Frauen bleibt nichts anderes als spinnerte Spinnerinnen zu werden. Sie bringen es bis zu drei bis vier Schnellern, zu neun bis zwölf Kreuzern täglich. Gott, müssen die sich gelangweilt haben.

Mich kränkt, dass die Langeweile mir von allen Nichtgelangweilten als Defizit meiner Person, als Schuld angerechnet wird. Besässe ich mehr Tatkraft und Phantasie, besässe ich mehr Hirn, höhere Neuronenzahl mit besseren Vernetzungen, würde ich gegen dieses Giftgas immun sein.

Das Garn wird in dünnem Leimwasser gesotten, dann getrocknet. Das Garnsieden wird von Spezialisten, Angestellten der Fabrikanten, besorgt. Die haben sich wahrscheinlich weniger gelangweilt. Konnten wenigstens das Feuer schüren, herumgehen, den Körper kräftig bewegen. Fachgerechtes Sieden und Trocknen bestimmt die Qualität des Garns. Schlechtes Garn ist von den Spulern und Webern gefürchtet, es verursacht Arbeitsunterbrüche, Qualitätseinbussen, Lohnabzüge. Das Garn wird mit dem Spulrad auf zwanzig Zentimeter lange Rohrspulen gewickelt. Dieses Zettelspulen ist die Arbeit von Alten und Kindern. Jeder Spuler hat eine eigene Nummer, am Rande der Spule angebracht. Schlechte Spulen nimmt der Fabrikant nicht an. Das Schwierigste, das Einrichten der Webstühle in den Weberhöckli oder das Herstellen des Zettels, ist die Arbeit von spezialisierten Fachleuten. Selbständige Weber richten ihre Webstühle in eigener Regie ein.

Während der langen Beschreibung einer solch äusserst sorgfältig auszuführenden, viel Kenntnis und Erfahrung erfordernden Einrichtung, der Sie wahrscheinlich nie zugeschaut und die Sie wahrscheinlich nie selbst ausgeführt haben, sehr geehrter Herr Politiker, Textilkaufmann und Eigner einer Handelsfirma, würden Sie bestimmt einschlummern und ich mit Ihnen. So ziehe ich der Lektüre von Sozialgeschichte die Planung eines Mordes vor. Auch wenn ich nicht die Eiseskälte hätte, ihn auszuführen, beschäftige ich doch damit meine Vorstellungskraft, und das Gefühl der Langeweile ist weg. Ich überschaue in Gedanken meine Bekannten, das dafür geeignete Opfer zu finden. Alle fallen der Reihe nach aus der Wahl. Die sind gleich geplagt wie ich, verbreiten die Schwäche Langeweile mit jedem Niesen wie einen Virus, jedes Wort, jedes Lachen, jede Kaubewegung und Beschäftigung zeugt von ihrer Krankheit. Sie sprechen von ihrer Arthrose, von Aquafit-Training, von ihren Fliegen fangenden Katzen. Das kann mir nur recht sein. Mit einer Krankheit allein dazustehen, ist nicht angenehm. Ausersehen wird jemand, der sich möglicherweise nicht im Geringsten langweilt.

Und erst dann kommt das Eigentliche: Das Weben der Mousseline. Es braucht dazu drei körperliche Bewegungen: Die Füsse bedienen die Tritte, die rechte Hand schlägt die Lade an den Warenbaum, die linke zieht den Griff des Schnellschützen von links nach rechts. Diese drei Bewegungen, von einem guten Weber 50-mal pro Minute ausgeführt, 3000-mal pro Stunde, 14 000-mal pro Arbeitstag wird von einem schlechten Weber mit Schmerzen in Schultern, Rücken, Händen, Kopf und Füssen nicht mehr mit Präzision ausgeführt, das heisst, er verdient weniger als einen Gulden pro Woche. Die Feuchte und Kühle des Webkellers erhält das Garn geschmeidig, den Weber macht sie steif. In Krisenzeiten sinken die Löhne sofort rapid. Auf der Ware bleiben die Weber sitzen, nicht die Fabrikanten. Gab es je einen appenzellischen Weberaufstand, mein Herr? Der Auftraggeber untersucht die gewobenen Stücke streng. Er bestimmt Zahl und Mass der Fehler, einschliesslich Fehler durch schlechtes Garn. Fehler ergeben Lohnabzüge.

Wissen Sie von einem Weberaufstand, mein Herr? Im Landmandat wurde von Garndiebstahl berichtet. Eine weitere Möglichkeit, aber nur in Boomzeiten, war das Wechseln des Auftraggebers. Auch ich möchte Sie für eine Weile auswechseln, mein Herr, denn ich denke an einen Mord.

Wirtschaftlichen Aufschwung habe es zu Ihrer Zeit nicht gegeben. Hätten Sie Ihr Geld denn in die Hütten tragen sollen? Nichts genützt hätte es. Versoffen, verloren, weggestohlen, verspielt worden wäre es, aus zehn Armen wären wieder zehn geworden. Auch die spätere Schulpflicht brachte nicht mehr Schüler in die Schule.

Die Kinder spulen. Sobald die Füsse die Tritte erreichen, fangen sie zu weben an. Im Säuglingsalter sind sie eine Bedrohung des Familieneinkommens, sie hindern die Mutter am Erwerb. *Vorzüglich glücklich und gesegnet das Jahr, in dem ihm drei Kinder starben*, sagte ein Weber dem Pfarrer. Sehr kurze Stillzeit, mangelhafte Ernährung, mangelnde Hygiene, Krankheit, das Vergessenwerden auf der Ofenbank rafft die unnützen Mäuler hinweg. Im Alter von zehn aber sind sie unverzichtbare Mitverdiener. Die mehr als Zehnjährigen fliehen hie und da aus den Weberhöckli, um nicht täglich fünfzehn Stunden die Lade zu schlagen.

Was hat das mit Ihnen zu tun, mein Herr? Ich weiss es auch nicht. Sie sind schliesslich kein Sozialreformer, kein eifernder Philantrop im Geruch der Heiligkeit. Sie sind, was das Leben der andern betrifft, wie ich, abgestumpft, gleichgültig. Sie standen im Dienste der Öffentlichkeit. *Arme und Reiche habt ihr immer unter euch*, sagt der Pfarrer. Ist es so einfach? Zweifach, mehrfach ist es einfach so. Dafür können Sie und ich nichts.

Die Oberschicht des Weberstandes besitzt ein eigenes Häuschen, genannt Höckli, mit Webkeller an der Vorderseite, Erdgeschoss mit Küche, Stube, Nebenstube, erster Stock mit Gang, Schlafkammer und zwei seitlich abgeschrägten Estrichen. Die Unterschicht ist zur Untermiete, muss Kammer, Küche, Stube mit dem Besitzer teilen. Die Wohnstube mit der Ofenbank als Liege- und Sitzplatz, mit dem Ofenrohr für das Warmhalten und Kochen von Speisen – der Ort für Spinnerei, Spulerei, für das Stapeln von Garn, Kleidern,

Schuhen – ist dicht bevölkert. Seltenes Lüften, um die Wärme im Raum zu halten, Kot, Urin der Säuglinge, eindickende Kost, trocknendes Garn, ungewaschene Leiber, Schweissfüsse, Darmwinde, Faulzähne, Laubsackgeruch, Strohmatratzengestank machen die Luft dick. Von der Kammer bis zum Keller wird jedes Wort gehört, gehört jeder Streit, jeder Laut, jede Regung. Flüchten Jungvermählte in den Wald? Wohin im Winter, wohin im Nebel? Kartoffeln und Brot ersetzen das einstige Hafermus. Kaffee wird mit Zichorie verbilligt. Arme holen bei Wohlhabenden den Kaffeesatz, machen daraus nochmals einen Sud. Stimulierende Aufmunterung, die eintönige Arbeit erleichternd, gibt auch Tabak und Schnaps. Freuden? Lebensfreuden? Biberfladen, Honigkuchen, Kleiderpracht, Schnallenschuh, Haarschmuck, Samstagabendspiel, Samstagabendtanz, Sonntagsausgang, kirchliches Fest, Jahrmarkt, Landsgemeinde, Tag der Stückeablieferung, Hochzeit. Geld wird nicht im Sparstrumpf versteckt, von Wirtshaus zu Wirtshaus wird es getragen. Zwischen frenetischer Arbeit und frenetischer Freizeit schwankten sie, meint der Verfasser einer neueren Studie. Schwanken die Weberinnen und Weber auch zwischen sonntäglichem Hübschsein, Witzigsein und werktäglicher verzweifelter Erschöpfung? In Krisenzeiten arbeiten alle durch die Nächte, ernähren sich karg. Nur nicht Bettler werden!

Sie wollen mich verlassen? Sie ertragen nichts schwerer als Wiederholungen? Ich bin wie Sie. Wie mich dieses Wiedergekaute anwidert. Wie mich Geschriebenes anödet. Alles bekannt, alles dokumentiert, alles schon gesagt. Wo ist die Neuigkeit? Nicht einmal ein von der Vorstellung in die Realität geführter Mord ist einmalig. Ich möchte wissen, wie Sie riechen. Wie Sie sich pflegten, wie oft Sie badeten, ob Sie das Wasser, das die Bedienerin bereithielt, sehr warm oder lau wünschten, ob Sie Seife benützten und welche, welches

Parfum, welche Unterwäsche Sie bevorzugten. Keine Pomade, Sie verklebten sich Ihr schönes Haar nicht. Ihre Bedienerin, oder hielten Sie sich einen Kammerdiener?, besorgte Ihnen keinen Puder. Welches waren die Anlässe Ihres Vergnügtseins? Wer in der Arbeit sich vergnügt, braucht nicht viele andere Vergnügungen.

Die Misere der Krankheiten, ob sie Ihnen zu Ohren gekommen ist? Augen-, Hals-, Brust-, Unterleibsentzündungen, Stichfieber, Skrofeln, Rheumatismen, Katarrhe, Gicht, Verstopfung, Rote Ruhr, Herzweh, Geschwülste, Schwind-, Bleich-, Wassersucht, Engbrüstigkeit, Magenleiden, Diarrhöen, Zahnfäule, gastrisches Fieber, Krämpfe, Krätze, Darmbrüche, Schwermut, das alltägliche Elend, unbehandelbar, anzunehmen als Wille Gottes, von dem gepredigt wird, dass er die Liebe ist, bereithält im Jenseits das bessere Leben, das Bessere als eine Luftspiegelung in der grünen Wüste, das Bessere nach dem Tod der Wünsche, nach dem Tod des Todes, nach der Auferstehung, die Misere des Elends, ob sie Ihnen zu Ohren gekommen ist? Nicht nur beim unterhaltenden Abend mit den Herren Doktoren, von der Stadt hergekutscht, die vorzüglich Grausiges zum Besten gaben, mit dem Pfarrer Fisch, der Witzchen erzählte, dem Landeszeugherrn, Schwager und Kollegen Tobler, seine Pfeife stopfend? Ach was, Bruchschneider, Zahnzieher, Harnschauer, Aderlasser, Arzneiverkäufer, herumziehende Wirte, Bäcker, Soldaten, bald Naturtalente, bald schlechtundrechte Gauner, wie die Lehrer ohne Ausbildung, Scharlatane, Gesundbeter, Quacksalber, sie sotten die Lebensessenz des Glaubens, hörten sich die Klagen an. Es stimmt, hochgeehrter Herr, was Sie sagen, ich habe es auch aus Büchern vernommen, die Zeiten ändern sich, zwar langsam, doch sie ändern sich. Die Helvetik brachte eine Medizinalpolizei, dazu eine Sanitätskommission, diese prüfte alle praktizierenden Mediziner, Wund-, Augen-, Zahnärzte,

Hebammen, Geburtshelfer, Bruchschneider, war bestrebt, begangene Fehler zu untersuchen, registrierte ausbrechende Seuchen unter Menschen und Tieren. Den Weibern blieb alles Praktizieren, ausser Aderlassen und Schröpfen, verboten. Herr Landammann, denken Sie nicht an jene Weiber, die in der Geburtshilfe tätig waren, mit Erfolg, da sie selber geboren hatten, mit sanfter Entschlossenheit das Kind im Leibe wendeten, ihm mit der Geburtszange kopfvoran hinaushalfen? Das Morgenlicht, hoch geachteter und lange abwesender Herr, das freut Sie sicher, das Frühlicht dämmerte. Zu Ihrer Leb- und Regierungszeit gab es Hungersnöte. Alte, Junge, Kinder starben Hungers oder entkräftet an Krankheiten. Sie erwiesen sich als Landesvater. Dank Ihrer persönlichen Bekanntschaft mit dem bayerischen Kronprinzen, der in Ihrem Haus zu Gast gewesen, gelang es Ihnen, in München 3000 Scheffel Weizen, 1000 Scheffel Gerste, 1000 Scheffel Hafer zu kaufen und dank Ihren Freundschaftsbeziehungen zum württembergischen Hofe kauften Sie nach langen Verhandlungen Getreide in Stuttgart. Das linderte für drei Monate die Not. Im darauf folgenden Frühjahr ersuchten Sie vergebens um eine Verlängerung der Lieferungen. Sie reisten wiederum nach Stuttgart. Es wurde Ihnen ein Quantum russischen und polnischen Getreides angeboten, es lag noch in Amsterdam. Sie schlossen einen Vertrag ab auf wöchentliche Lieferungen im Frühsommer. Sie holten sich für diese Gunstbezeugung, wie Sie es nannten, keine Ratifikation vom Grossen Rat ein. Diese Eigenmächtigkeit, verbunden mit Ihrer Nichtkenntnis bäuerlicher Wirtschaft unter rasch wechselndem Wetter, wurde, ja davon später. Die Ernte in Süddeutschland fiel besser als erwartet aus. Die Preise stürzten. Dazu traf Ihr Getreide wegen schlechter Transportmittel verspätet ein. Sie reisten nach Stuttgart mit flehentlichen Bitten, und Württemberg übernahm den noch in Heilbronn liegenden Rest des Korns. Die Landeskasse erlitt einen Verlust von 27 010 Gulden 30 Kreuzern. Aus dem

Salzfonds wurde die Summe bezahlt. Ich sehe, wie unangenehm das für Sie immer noch ist. Aber seit wann scheren Sie sich um Krämerseelen?

Ich habe darüber nachgedacht. Worüber? Lange über das Ja und Nein eines Mordes. Ich habe das Opfer gefunden. Die Ausersehene langweilt sich nicht im Geringsten. Sie erfreut sich mit Selbstbelug und -trug am Mann, den sie mir gestohlen hat. Wie ich ihn ihr missgönne! Doch später, ja ich denke jetzt an später, und meine Mordgier erlöscht. Ausdauer habe ich in Sachen Gier noch nie gehabt. Dieser Mann wird über kurz oder lang ein Wrack sein, er hat bei mir Anzeichen eines Zerfalls gezeigt, dazu hat er mich schon erheblich angeödet, ich bin froh gewesen, dass er sich nicht mehr bei mir aufgehalten hat. Noch ärger als die Langeweile allein ist die zu zweit. Ich sehe es Ihnen an, Sie sind meiner Meinung. Wozu soll ich also das Zeit-, Gedanken- und Kraftverschlingende einer kriminellen Tat auf mich nehmen? Die Planung und Ausführung eines Mordes, das Verstecken einer Leiche, das Vergraben oder Zerstückeln, das Verbrennen oder Tiefkühlen, all die Nerven zerstörende wahnsinnige Anstrengung, wozu? Mit anderen Worten: Ich bin zu vernünftig oder zu faul, die Diebin umzubringen. Nein, da sitze ich lieber geruhsam mit Ihnen zusammen, hoffe, Sie machen mir den Hof, und übe mich im Konversieren und Lesen von historischen Abhandlungen. Zudem gestehe ich Ihnen, den Nerv, den Ingrimm, die Eiseskälte, die Wut, die Lust für eine Tötung besitze ich nicht. Ich bin eine zitternde Nervenschwache, ein ängstliches, vor Strafe sich fürchtendes, mit Moralin geschwärztes altes Weib. Sie lachen? Ich komme Ihnen nicht alt vor? Umso besser für mich! Sie wünschen, Sie hätten meine Energie? Umso schlechter für Sie! Sie sind enttäuscht, dass ich Ihnen keine Mordgeschichte liefere? Ich bin Vegetarierin, bohre kein Messer in ein Fleisch, gegnerischen Schweiss zu riechen ist mir widerlich, ich habe keine Ahnung von Schiesskunst, eine Chemikerin bin ich auch nicht, für einen Autounfall ist mir mein Auto zu schade. Ich hoffe, Sie sind mir nicht gram, dass ich nichts zu Ihrer Unterhaltung beitrage.

Interessiert es Sie, hoch geschätzter Herr, dass es in der Schweiz noch eine einzige Baumwollspinnerei gibt? Eine Zeitung bringt mir davon Kunde. Sie bestehe aus zweiundzwanzig gewaltigen Maschinenstrassen, bei 35 Grad Celsius Wärme, 40 Prozent Luftfeuchtigkeit und 85 Dezibel Lärm drehten sich 40 000 Ringspindeln pausenlos das ganze Jahr, ergäben 1800 Tonnen Garn, der Faden sei so dünn, dass er kaum zu sehen sei, 1000 Meter Garn wögen nur wenige Gramm, jeden Tag entstünden über eine Million Kilometer Baumwollfäden, die Qualitätskontrolle besorgten elektronische Augen, jeder Fehler wie Noppen, Dünn- oder Dickstellen, Fremdmaterial werde sofort eliminiert und perfekt verspleisst. Menschen, sofern man sie suche, gäbe es wenige in den Hallen, automatisiert sei alles, die Fäden fädelten sich ohne Hilfe ein, die Spindeln klinkten aus, fielen vom Fliessband, hüpften wieder auf Achse, die Maschinen ölten sich selber, Roboterstaubsauger reinigten die Luft.

Sind Sie noch da? Ihr Wein ist noch nicht ausgetrunken. Für Sie geht die Zeit zu langsam, für mich zu rasch. Sie wollen vorwärts, ich will zurück. Was ist Ihnen aus Ihrem Leben unvergesslich geblieben? Das sei nur für Sie wichtig? Was Ihnen wichtig ist und wichtig bleibt, wird es auch für mich. Unvergesslich, dass Sie im schneereichen April 1798 mit dem teuersten Herrn Vater, der um seine Handelsbeziehungen mit Österreich und Italien bangte, mit Familien, *nombres de marchandises et de blanchisserie, même quantité de meubles* mit aller nötigen Vorsicht vor den Franzosen nach Bregenz flohen, wo Ihr Vater für Tausende von Gulden die Wessenbergische Liegenschaft erwarb? Unvergesslich, dass der Herr

Vater im kalten Januar 1799 allein nach Trogen zurückkehrte, er im April von *chasseurs à cheval* auf ein Pferd gezwungen, nach scharfem Trabe in Basel, dann in St.Gallen ein französischer Gefangener wurde, bis ihn die Österreicher im Mai befreiten? Alles, was für Sie wichtig ist, ist es auch für mich.

Das Vergangene ist gegenwärtig. Mit jedem Atemzug atme ich Geschichte ein. Jeder Blick meiner Augen fällt auf die Wohnsitze Ihres Geschlechts, das während sechs Generationen Handel trieb, zuerst mit Leinwand, dann mit allen Arten von Baumwolltuch bis hin zur feinsten Mousseline. Nein, laufen Sie mir nicht davon! Ich stimme ein Lob auf Ihre Familie an! Eine Arbeitgeberfamilie, die Brücken- und Kirchenbaumeister Grubenmann aus Teufen, den Baumeister Johann Konrad Langenegger aus Gais bauen liess. In Wien und Petersburg lernte Langenegger autodidaktisch Architektur, zeigte als Alleskönner den Zimmermannen, den Steinmetzen, den Schreinern, Hafnern, Schlossern, wie es gemacht werden musste. Steckborner Turmöfenbauer und die vorarlbergischen Stukkateure Moosbrugger hatten Gelegenheit, ihre Talente zu zeigen. Es geht mir auf, wie Baukunst das Geld braucht, wie Geld die Kunst braucht, um aus vorüberwehendem Staub schöne Dauer zu schaffen.

Laufen Sie mir nicht davon! Wohin denn? Sie sind zu ungeduldig.

IV.

Heute Abend, lieber Herr, habe ich Sie erwartet. Ich grüsse Sie. Das gewohnte Gläschen Wein? Ein Ciabatta, aus San Giovese-Trauben, gereift in Morellino di Scansano? Salute!
Ich habe befürchtet, Sie besuchten mich nicht mehr. Mein gestriges Geschwätz über jene Diebin habe Sie abgestossen. Wollte ich damit Ihre Aufmerksamkeit erregen? Zwischen Gedanke und Tat besteht ein ähnlicher Abgrund wie zwischen Wort und Realität. Ich überspringe den Abgrund nicht. Die Frau, von der ich sprach, ist nicht umzubringen. Ich weiss nicht, wie man tötet. Der Tod ist Wirklichkeit und Unwirklichkeit zugleich, damit ist er ein schreckliches Mysterium. Gedankenspiele berühren es nicht.

Diesen Abend wollen wir Ihrer Gemahlin schenken. Einen Brief Ihrer Frau an ihre Schwester, Frau Landeszeugherr Michael Tobler, geborene Zuberbühler, in deren Haus wir sitzen, habe ich kopieren lassen. *Paris, 20. Dez. 1804. Liebe Schwester!*
Frechheit! Ich höre Ihre Empörung. Pardon, Monsieur, der briefliche Nachlass ist nicht geschützt, er ist von einem Herrn Viktor Eugène Zellweger, einem Ihrer Nachkommen transkribiert worden und allen zugänglich. Dass auf Papieren etwas weiterlebt, glauben Sie nicht? Nicht so schwermütig, mein Herr, lassen wir uns aufmuntern.
Liebe Schwester! Die ganze Woche sind wir in Festen beinahe ertrunken, letzten Donnerstag gab man ein schönes Feuerwerk au Luxembourg ... Herr von Reding und mein Mann führten mich, da man anfieng gar zu arg auf uns loszudrücken, so machten die zwei Schweizer Rücken und Ellenbogen ziemlich guten effet, so dass einige poissardes und seidene Pariserherrchen sich ziemlich

über Magendrücken beklagten, und ich kam ohnversehrt bei der eisernen Grille vorbei, allwo eine Frau fast ihr Leben verlor ... Am Sonntag ... um 3 Uhr kam der Kaiser mit einem Zug von 50 Kutschen, alles 8 und 6 Spänner, es stieg alles beim Rathaus ab, das gerade neben unserem Fenster war, so dass wir alle Personen sehen konnten. Der Platz ist an der Seine, auf dem andern Ufer der Seine war der Berg St. Bernhard vorgestellt und zwar so täuschend, dass ein Fremder ... geglaubt hätte, er wäre ein mit Schnee halb bedeckter Berg, oben auf dem Berg war der Kaiser in Lebensgrösse zu Pferd mit einem grossen roten Mantel, den der Wind stark herum blies (obschon es windstill war), was die Sache sehr täuschend machte war, dass immer Soldaten auf- und abgingen (lebendige). Um 7 Uhr wurde das Feuerwerk angezündet, das Kriegsschiff, das auf der Seine war, fieng an den Berg zu beschiessen, es war ein lebhaftes Gefecht und besonders schön war das Hagelfeuer aus dem Schiff, alle die Raketen und Granaten löschten sich im Wasser ab und die Seine sah aus, als ob sie mit Feuer, statt mit Wasser angefüllt wäre ... es war ein prächtiger Anblick da die Canonade aufhörte, aus dem schwarzen Rauch, die feurigen Seiler und Stangen hervor kommen zu sehen. Nachher wurde der Berg bestürmt und als der Berg erobert war, stand der Kaiser beleuchtet da ... Darauf wurde die Siegermusik auf dem Place de Grève unter freiem Himmel gegeben, sie bestand aus den besten Sängern und Virtuosen der Grossen Oper. Wir waren dort von mittags 1 Uhr bis nachts 10 Uhr ... Auf allen Plätzen der Stadt waren kleine Feuerwerke und Fässer mit Wein gefüllt für den Pöbel, der sich's aber so gut schmecken liess, dass die ganze Nacht wegen Lärm niemand schlafen konnte. Gestern war ich am Ball bei Herrn Banquier Scherer, wir kamen erst morgens um 2 Uhr nach Hause. Es waren circa 800 Personen da, der Ball war magnifique, man kann sich den Luxus nicht vorstellen, sowohl in Diamanten als kostbaren Kleidern. Mein Putz, ohne die Mousseline Robe, die ich trug und ohne Gold und Schmuck, nur was ich auf den Ball machen lassen musste, um erscheinen zu dürfen, kostete mich 8 Louisd'or, und ich war nur am geringsten gekleidet von der ganzen Gesellschaft.

Ich habe Walzer getanzt und mich für Paris recht lustig gemacht, dem ohngeachtet bin ich überzeugt, dass Euer Ball im Hirschen weit lustiger war … Gestern war ich mit allen Deputierten in den Tuillerien um die Parade zu sehen, welche ein süperber Anblick war, 7000 Mann Infanterie und Cavallerie waren auf dem Platz, alle süperb montiert … der Kaiser mit einem schönen arabischen Schimmel, der mit einer reich gezierten Decke geziert war. Seine Majestät selber war ganz im Costum eines Soldaten, er trug ganz weisse Beinkleider und Weste, einen blauen Rock ohne die mindeste Stickerei und einen Hut, worauf ganz und gar nichts war als eine kleine Cocarde, so wie jeder Soldat sie trägt. Er ist ein kleiner magerer Mann, dem alle Portraits, die ich bis jetzt gesehen habe, sehr schmeicheln. Weit mehr Staat macht alles, was ihn umgibt. General Rapp und alle Generäle, die mit ihm waren, sind ganz vergoldet und haben prächtige Pferde. Der Kaiser ritt durch alle Glieder und nach dem stellte er sich vor den Palast, so dass wir ihn gerade vor unseren Augen hatten. … Nachdem er nun die Revue gehalten hatte, zog die ganze Armee beim Kaiser vorbei mit prächtiger Musik … Du kannst den Herren Oncles sagen, dass die Herren Deputierten aus der Schweiz gestern Privataudienz beim Kaiser hatten, vor der Messe, dass sie sehr huldreich von ihm empfangen wurden und dass er sie seines Wohlwollens, auf eine für die Schweiz sehr tröstliche Weise, versicherte …

Sie, Monsieur le Député, schrieben an den schweizerischen Landammann: *Mit zwei Worten zu sagen, so ist man hier verkauft in allen Theilen … Über die schönen Zusicherungen, die uns der Kayser gegeben, erlaube ich mir nur zu sagen, dass, wenn Sie das spöttische Lächlen auf seinen Lippen gesehen hätten, Sie so grosses Zutrauen in seine Zusicherung würden gefasst haben als ich … Die hiesige Regierung ist noch die nehmliche, welche sie vor 6 bis 8 Jahren war, ihr destructives System gegen das Ausland das gleiche, nichts hat sich geändert als die Methode, damals war der Wolf Wolf, izt will er Schaaf seyn, wenn der Hunger es ihm erlauben würde.*

Erinnern Sie sich an diesen Brief? … *Ich bin beschäftigt bis über die Ohren, die ganze Woche, alle Tage Franzosen zum Essen und Schlafen und am Dienstag noch obendrein gab ich ein grand diner der Schläpferischen und Hirzelschen Familie und hatte am nämlichen Abend wieder Franzosen zum Übernachten. Ich habe gerade jetzt auch die Bettenmacherinnen, den Heuet und nächste Woche den Schneider … aber drunten war es hundslangweilig, H. Caspar schnitt Gesichter, wenn man ein Bisschen lustig war … Nach Tisch aber kam eine Menge Offiziere und Soldaten, die Lärm machen und nicht fragen, dann ging H. Caspar und Frau allein fort und die Gesellschaft, die gern getanzt und diejenigen, die gern zugesehen hätten, mussten aber doch wieder entbehren, weil die Musik Dir nichts mir nichts fortgeschickt wurde. Ich denke, es seien alle einstimmig, diesen Sommer keine Partie mehr mit Herr Caspars zu machen … Du trinkst also den Thee, währenddem ich ungefähr zur gleichen Zeit die süsse Eselsmilch trinke, denke dabei an mich und lasse ihn Dir schmecken und Dir zur Befestigung Deiner Gesundheit dienen, welches ich recht herzlich wünsche und täglich Gott darum bitte. Ich umarme Dich auf das Zärtlichste und bin so lange ich lebe Deine Dich herzlich liebende…*

Landwirtin, Kinderpflegerin, Managerin eines grossen Hauses und Haushalts, Chefin von Dienstboten und Handwerkern war Ihre Gemahlin gesegnet mit Arbeit. Geschäftstüchtig stellte sie statt des Gärtners dessen billigeren Handlanger an. Sattler frischten Stühle und Kanapees auf, Schreiner machten neue Stühle. Sie beaufsichtigte den Bau des Palastes, *unsere Fuhrleute geben sich alle Mühe mich zu betrügen, ich glaube aber, nachdem sie mich diese Woche um zwölf Zettel betrogen haben, so gelinge ihnen nichts mehr … Gestern abend nach Tisch schrieb ich 300 mal Deinen Namen auf Fuhrbillete … man muss den ganzen Tag mit dem Bleistift am Fenster stehen, um Strichli zu machen …* Sie tanzte gern, lachte, spielte gern Karten und Pianoforte, blieb oft monatelang ohne Ihre Gegenwart, blieb leicht, verlor den Boden nie unter den Füssen, bewahrte sich Schalk und den ihr eigenen Realitätssinn. So weit, mein Herr, reicht mein Eindruck. Sie aber wissen mehr. Mehr und anderes, als was die wenigen Briefe, die Portraits oder amtliche Daten verlauten. Woran starb sie? Je m'excuse, ich achte Ihre Trauer. Ich frage nichts, nichts mehr und höre nicht auf zu fragen. Lieben Sie sie noch? Vierzig Jahre alt starb sie. Zu jung, um Alter zu erfahren, ihr eigenes und das der Liebe.

Ein kleines Geschichtchen, in einem Brief gelesen, bringe ich in Ihr Gedächtnis zurück: Ein Bub fand im Untergeschoss Ihres Hauses ein goldenes Ketteli. Seine Mutter verkaufte es in St. Gallen, kaufte sich dafür Ohrringe. Ihre Frau erfuhr davon, befahl den Bub zu sich, der kam nicht, weinte. Sie zitierte den Alder, den Vater, der leugnete es, behandelte sie grob und unflätig. Sie liess die Mutter kommen, die klopfte auf den Tisch und schrie. Sie schaffte das tobende Weib mit Hilfe eines Weibels aus dem Haus, schickte einen Diener in die Stadt, der klopfte alle Goldschmiede ab, brachte ihr das verkaufte Stück zurück. Sie kündigte dem Ehepaar die Mietwohnung und verweigerte dem Mann die ihm von Ihnen versprochenen Holzstücke aus dem Wald. Gefunden sei nicht gestohlen, schrie der Alder, und er wolle mit Ihnen sprechen und nicht mit ihr. Sie liess die Polizei holen und fragte Sie, ob sie richtig gehandelt habe. Frau Landammann schuf sich Respekt. Mit ihr hatten, auch bei Abwesenheit des Gemahls, auch wenn sie nur eine Frau war, die Dörfler zu rechnen.

Bern, 21. Nov. 1801 ... Mme Verninac war auch da und die ganze Berner Oligarchie. Mein Mann war auch eingeladen, er kam aber nicht, weil er und noch einige Senatoren Conferenz hielten bis nachts um 10 Uhr; überhaupt macht er es mir wie in Trogen, er lässt mich allein zappeln und geht seinen Geschäften nach ...

Gibt es ein besseres Bild von der Persönlichkeit Ihrer Frau als diese Briefstelle? Sie konnten sich erlauben, sie allein zu lassen, in jeder Lage und Gesellschaft blieb sie sie selbst. Wäre ich ihr ausgewichen, dort unten auf dem Dorfplatz, rasch in den Schatten eines Palastes gehuscht? Hätten wir uns unterhalten, falls ich ihr ebenbürtig gewesen wäre, verheiratet mit einem Standesgemässen, unverheiratet gegürtet durch einen reichen Clan? Worüber unterhalten? Über die feinen Gitterstäbe, die das Leben umgeben, Stäbe, die schmelzen, unversehens sich wieder als eisern erweisen. Über die Jahreszeit, die Morgenfrische, den Nachmittag, erstickt unter dem Wirbelsturm der Tätigkeiten, über den belämmernden Abend und die Nacht, jenseits aller Worte. Über ein Geheimnis, das keines bleibt, und das, es sei geklagt, manchmal neben Freude auch das Gegenteil verursacht. Über das Wachsen der Haare auf den Kinderköpfen, das nächtliche Zahnen Eduards, die Zuverlässigkeit der neuen Köchin, die Bodenseefelchen unvergleichlich besser zubereitet als die Marei, die taub auf einem Ohr und überhaupt eine ist, die man zu Recht eine Sau nennen müsste. Nein, nichts von alldem. Ihre Frau ist eine Dame von Welt und schwatzt kaum auf Dorfplätzen. Sie nickt kurz, lächelt und ... wie ginge sie von mir weg?

Ich vermute, Herr Viktor Eugène hat Briefe, von denen er annahm, dass sie dem Glorienscheine abträglich sind, verschwinden lassen. Ich suche die Flecken auf dem weissen Kleidchen Ihrer hoch geschätzten Frau Gemahlin, finde keine. Ich müsste sie erfinden: Sparsamkeit wird zum Geiz, der Zwang zu Weibestugenden endet in Pedanterie, in Buckelwuchs und Säuerlichkeit der Rechtschaffenen. Lassen wir sie ruhen in einer besseren Welt. Die Formel: «ist in die bessere Welt gegangen» wird oft in Ihrer Verwandtschaft gebraucht. Haben Sie an die geglaubt? Ob auch Ihnen begründete Zweifel gekommen sind an ein Jenseits, in dem man alle Geliebten wiederfindet? Zudem Sie wie ich entdecken müssen, dass erst nach dem Tod von Geliebten die Abneigung, die Feindschaft, der Hass Zeit aufzutauchen haben, und Sie wie ich kennen Personen, mit denen man nie wieder zusammenkommen möchte, auch als Geist nicht.

Wo sind wir stehen geblieben? In Paris bei der Kaiserkrönung 1804. Nein, nicht beim wahren Freudengejauchze, 1803, anlässlich Ihrer neuerlichen Wahl zum Regierenden Landammann des wiederhergestellten Kantons. Dort wollen Sie stehen bleiben? Ganz wie es Ihnen beliebt! Neu- und Alt-Räte, Grosser und Kleiner Rat, Hauptleut, Ehegericht, Ehegäumer, die alte Obrigkeit wurden wieder eingeführt. Das Volk habe mit Befriedigung die wiederum starke Hand der Regierung begrüsst. Und dass die Zeit der Sitten- und Gottlosigkeit, mein verehrter lieber Gast, heben wir die Gläser, das habe ich schon einmal erwähnt, Schwamm darüber. Mit Energie und Rücksichtslosigkeit des geborenen Regenten hätten Sie nun fünfzehn Jahre lang selbstherrlich, aber auch verantwortungsbewusst regiert. Und, wie Sie schrieben, *Puppe gespielt* an den Krönungsfeierlichkeiten in Paris. Ausserrhoden blieb weiterhin ein Untertanenland Frankreichs, im Klartext: mit Handelsbeschränkungen, Abnahmeverpflichtung von Salz, mit Einquartierungen und Lieferung von Soldaten ohne freie Werbung und auf eigene Kosten. Und wie haben Sie nun regiert? Ich weiss es nicht, kann es auch nicht erfinden und nicht nachlesen. Das Gute erregt kein Aufsehen, fällt still aus der Geschichte, lautlos, wie das Leben in den Tod, das Ungute macht Spektakel, hat eher die Gelegenheit, notiert zu werden. Von 18 Hinrichtungen, die im 19. Jahrhundert in Ausserrhoden vollstreckt wurden, geschahen 13 während Ihrer Regierungszeit, je ein Fall von Mord und Brandstiftung, in allen andern Fällen wegen Diebstahl, meist von Tüchern, zur Bleiche ausgelegt an der Sonne. Ob das wenige oder viele Todesurteile sind? Vergleiche fehlen mir. Grausame Kriminaljustiz wurde in Ihrer Zeit nicht hinterfragt. Strafanstalten gab es keine. Keines der vielen möglichen Urteile, die Menschen fällen, scheint mir mehr dem Zeitgeist unterworfen wie das über die Art und das Mass von Schuld und Bestrafung. Zeitgeist?, fragen Sie. Ist er ein blinder Fleck, eine partielle Hirnlähmung, eine Mutation in den Keimzellen, eine Sensibilisierung? Ich weiss es nicht. Hätten Sie die harten Urteile nicht mildern können? Wären Sie als appenzellischer Pionier einer humanen Justiz in die Geschichte eingegangen? Wie viele Seiten hat Ihr Wesen? Auch ich sei nicht imstande, es aufzublättern, geschweige es zu lesen durch alle Kapitel?

Ich verweile bei den schönen und denke an Ihre Feste in Trogen. Die zur Einweihung Ihres Hauses – im Ballsaal aus hellgrünem Stuckmarmor, mit Galerie aus echtem weissen Marmor mit Vergoldung und einem prächtigen, ornamental verzierten Buchen-, Nuss- und Ahornparkett – Feste für den eidgenössischen General von Wattenwyl, für den russischen Gesandten Capo d'Istria, die Gesandten von Holland und Württemberg, für die Grossfürsten Nikolaus und Michael, die Söhne des Zaren, Feste für die Mitglieder der Tagsatzungen, ich denke an die Bälle, Diners, Illuminationen, Feuerwerke. Eine nebensächliche Frage: Wie lassen Sie den Saal beleuchten? Wie kommt durch die langen Nächte das Licht in Ihr Haus? Hell sollen Sie mir bleiben, nicht unerbittlich hartherzig, nicht das Todesschwert haltend. Die Rolle des grosszügigen Gastgebers gefällt Ihnen, vor allem in den Städten, wo sich die Abgeordneten der Kantone zur Tagsatzung treffen. Mit dieser Ihrer Liebe zu Festen glaube ich, einem Teil Ihrer Persönlichkeit nahe zu kommen. Und die anderen Teile? Die Teile der Teile?

Der erwähnte Herr Viktor Eugène lässt mich aus Ihrem Tagebuch lesen, geschrieben 1806 in Basel. Sie notierten Ihre Eindrücke von den Reden Ihrer Kollegen. *Uri: schwach, konnte ungeachtet der Beihilfe des Papiers nicht fortkommen. Schwyz: wohlgestellt, sehr lang, viel eigenes Lob. Unterwalden:*

vaterländisch, mit gutem Vortrag. Luzern: niederträchtig, schlecht, schmeichelt Frankreich. Zürich: gründlich und widerlegt was Luzern von ihm sagt. Glarus: schön, doch erwartete ich mehr. Zug: schwach. Bern: kurz, aber bieder, treu und herzlich. Freiburg: sehr gewandt. Solothurn: schön. Schaffhausen: zu wortreich. St. Gallen: verbreitete einige Schatten auf unsere Voreltern. Bünden: schöne geschichtliche Darstellung. Aargau: war ganz deconzentriert, konnte keine zehn Worte hervorbringen. Thurgau: schön und schweizerisch. Tessin: ungeschickt. Waadt: mittelmässig. Dass Sie ein glänzender Redner sind, glaube ich Ihnen sofort. Wer ein Ohr für die Talente anderer hat, hat selbst Qualitäten.

Ein Augenblick, eine Stunde genügt, um Sie zu vergessen. Ich höre ein Gespräch mit einem vor acht Jahren verstorbenen Pianisten. Er spielt Liszt. Ich verstehe, soweit ich Musik verstehen kann, zum ersten Mal Liszt. Er spielt Beethoven, Schubert. Zum ersten Mal höre ich das Vielgehörte. Ich bin verwirrt, in einem Schleier von Melancholie, in Trance verhangen. Er war ein Wunderkind und erreichte Weltruhm. Dieses Wissen, diese Technik, diese Kunst der Interpretation, diese 85 Jahre dauernde Anstrengung, vorbei ist sie. Sie ist noch da, zu hören, zu sehen, doch wie aus einem Geisterreich, fragil, an die Materie eines Tonträgers, an einen Apparat gekettet. Warum erzähle ich Ihnen das? Wir alle, ohne Ausnahme, möchten Weltruhm erreichen, und allen, bis auf verschwindend wenigen, gelingt dies nicht. Aber auch die mit Weltruhm werden vergessen. Sie und ich und die mit Weltruhm werden vergessen. Das soll uns nicht kümmern. Wir tun, was wir können. Ich rede mit Ihnen und Sie mit mir. Beneiden Sie mich um die Möglichkeiten, die mir meine Zeit bietet? Also, sehen Sie, das ist ein Fernsehapparat. Ihnen den technisch zu erklären, ist mir unmöglich, die Hauptsache ist, er funktioniert. Ich sehe Bilder aus der ganzen Welt, manipulierte und echte, geschnittene und unpräparierte, Live-

Aufnahmen oder Konserven, ich sehe Bilder von Verstorbenen, sehe sie lebendig, wie sie sich bewegen, höre ihre Stimmen, ihre Worte, sehe ihre Gesichter, ihre Mienen, ihre Gebärden, höre die Musik, die sie spielen, Bild und Ton auf magnetischen Bändern aufbewahrt. Lebe ich nicht mit phantastischen Möglichkeiten? Ich kann meine Höhenangst kurieren mittels eines Helms mit eingebauten Bildschirmen, gesteuert von einem Computer, Therapie im Cyberspace. Was das sein soll? Ich bin ausserstande, es Ihnen zu erklären. Ich bin fremd in meiner Zeit, mein Verstehen schrumpft zu dem eines Kindes. Sie haben Recht, mir nicht zu vertrauen, obwohl ich eben gerade darum ein Kind meiner Zeit bin. Sind Sie noch da? Glauben Sie, dass Sie noch da sind? Sie müssen es glauben, sonst sind Sie es nicht. Sie gehen? Auf Wiedersehn! Ich hoffe sehr auf morgen. Vergessen Sie es nicht, ich warte auf Sie.

V.

Ihr Glas, bitte! Fühlen Sie sich wohl? Haben Sie alles, was Sie brauchen? Leiden sollen Sie nicht bei mir. Zur Mittagszeit sind Sie erschienen, das gefällt mir. Schmeckt Ihnen mein Essen, ich habe mir Mühe gegeben.

Eine Frage, wie alle meine Fragen rein rhetorisch, wie möchten Sie angeredet werden? Mein Anredevorrat geht zur Neige, ich wiederhole mich von geehrter, hoch geschätzter Herr Regierender Landammann, mein lieber Herr, bis zu untertänigst verehrter Herr Staatsanwalt und hochwohllöblicher Landesherr und Vorsitzender aller Räte, mit gesetzgeberischer, ausführender und richterlicher Macht.

Etwas geht Sie nichts mehr an, ging Sie auch nie an, die Lebensfreude wie eine Pflanze umsorgen zu müssen, damit sie nicht vertrockne. An Ihre sturen, pedantischen, in ihrer Wichtigkeit sich blähenden und die Vorschriften noch enger ziehenden Beamten erinnern Sie sich nicht, doch eher an die kleinen Verbesserungen Ihrer Zeit, dort und hier und hie und da und zurück und vor und still und leise, mit Ach und Krach. Sie erinnern sich an den Landschreiber Tobler, der an einer Chronik schrieb und glücklich war, Sie als Zensor zu bekommen, *denn Sie verbänden Geist mit Energie*. Erinnern Sie sich an Ihre Glücksmomente, Freudennächte, an die Tage des Triumphs? Das Kurzzeitgedächtnis werde immer schlechter, sagt jemand am Radio, das der Langzeit halte sich tapfer. Kinder mit Schulranzen gehen über den Dorfplatz, jetzt geht ein Greis, Autos fahren, eine Strassenbaumaschine parkiert, ein Polizeiauto nimmt langsam die Kurve, Leute kommen nach einer Beerdigung aus der Kirche, unter ihnen der Pfarrer im wallenden Gewand – wenn sich Nikolaus nicht verkleidet, glauben Kinder nicht, dass er ein Klaus ist – morgen mag eine Hochzeit stattfinden, das weisse Kleid der Braut wird nicht schlampig, sie eilt die Treppe hinauf, der Bräutigam schützt sie notdürftig mit einem geliehenen Schirm. Sie erinnern sich, wie lautlos nachts der Platz liegt, das Dorf wird auch zu meiner Zeit ein Geisterdorf, gesittet liegen die Leute in ihren Betten, im Hirschen kein Tanz, im Rössli kein Tanz, die Krone ist geschlossen. Du musst arbeiten, fleissig sein, Geld verdienen, jung bleiben, schön bleiben, der Sitte dich fügen, du musst, du musst, du darfst nie zu viel essen, nie zu viel trinken ist auch besser, nicht lärmen, nicht Nachtfrevel treiben, nie laut schreien und toben, nie Fenster einschlagen, nie an andererer Leute Türe poltern, lästern, Schläge austeilen, du darfst nie Geltung, Anstand, Abstand verlieren, Geld auf keinen Fall fallen lassen, das tönt nicht mehr von der Kanzel, es tönt aus dem Menscheninnern, darum genieren Sie sich nicht, ich bin um nichts besser dran als Ihr Volk. Irgendwelche Zwänge lasten immer auf uns. Das Geläute der Kirche ist wie das einer Kathedrale, erst wenn die tiefste Glocke einsetzt, höre ich auf zu horchen, wenn der dritte, vierte alte Mensch das Portal hinter sich schliesst, hört das Gedröhn auf. Sehen Sie die hohe Funkantenne auf dem Dach Ihres Palastes? Möglich ist, dass sie Elektrosmog verbreitet, ein starkes elektromagnetisches Gewitter, das ins Haus Ihres Schwagers dringt, wo meine Wohnung ist, ein Wellengebraus, welches das feine Zittern meiner Körperzellen stört. Vielleicht, lieber Herr, werde ich darum an Krebs erkranken oder Schlafstörungen werden meine Lebenslust verringern. Wissenschaftlich gesichert ist wie immer noch gar nichts. Von Elektrizität wüssten Sie nichts, und was man nicht wisse, mache einem keine Bisse. Wie Recht Sie haben, lieber Herr, die einen finden allerorts eine Klage, die andern über dasselbe ein Lachen. Wir sind irgendwo stehen geblieben. Bei den Leerstellen in Ihrer Lebensgeschichte? Auch mein Leben besteht aus Löchern, mein Leben sollte mich noch mehr wundern als das Ihre.

1803 / 1808

Von 1803 bis 1808 sei der französische Druck auf die Schweiz einigermassen erträglich gewesen, meint der Historiker. Napoleon war anderweitig beschäftigt: Salbung in Notre Dame, dann auf zu fünf gewaltigen Metzeleien, eine davon bei Austerlitz, die andern in Deutschland und Ostpreussen. Das Wort Austerlitz gefällt mir, es erweckt den Anschein, ich sei eine Kennerin napoleonischen Schlachtengetümmels. Nach 1808 sei die Schweiz gewürgt worden. Erzählen Sie mir von der Würgerei? Wirtschaftiche Abschliessung Europas gegen England, alle Kolonialwaren, auch Baumwolle, wurden mit hohen Zöllen belastet, Teuerung, zahllose Konkurse, grosse Arbeitslosigkeit, Auswanderungen? Sie verfassten 1810 ein Memorandum gegen das eidgenössische Zollsystem, das der schweizerische Landammann von Wattenwyl aufgrund französicher Vorschriften eingeführt hatte, ohne zuvor die Tagsatzung einzuberufen. Sie stellten sich gegen die Unterdrückung kantonaler Souveränität, solches diene nur dem Willen des französischen Herrschers, der eigentlich keine Tagsatzung mehr wünsche. Sie schrieben, mit diesem Vorgehen werde dem Kaiser indirekt mitgeteilt, *Eure Majestät können Abänderung in unserer Verfassung vornehmen, wie es Ihnen beliebt, wir sind bereit, uns zu unterziehen ... und warten ohne den mindesten Widerstand in dero vätterlichen Armen verdrückt zu werden.*

In Paris betrachtete man Sie als Feind Frankreichs. Polizeiminister Fouché liess 1809 Napoleon abgefangene Briefe zukommen, der befahl ihm: *Faites des recherches pour savoir ce que c'est ces individues du canton d'appenzell qui disent avoir des agents en Espagne et qui écrivent dans un si mauvais esprit.* Der Landammann der Schweiz erhielt eine Liste von gegen Sie gerichteten Beschuldigungen, kanzelte Sie deswegen ab und verurteilte Sie zu Hausarrest. Sie verwahrten sich gegen alle Anschuldigungen, das Interesse des Landes liege Ihnen mehr am Herzen als Ihr eigenes. Den Arrest vergass man, aber auf

Befehl Napoleons wurden Sie 1810 nicht mehr zur Tagsatzung zugelassen. Auf Beschwörung des schweizerischen Landammanns, dem Allgemeinwohl ein Opfer zu bringen, schützten Sie geschäftliche Inanspruchnahme vor und wurden durch einen mit Namen Scheuss ersetzt. Sie erleben, gewiss nicht zum ersten Mal, jene Kränkung, die uns allen gehört. Obwohl einzigartig und absolut unersetzbar, sind Sie es nicht, für die Welt nicht. Ohne Trauerfeier werden Sie einfach ausgetauscht. Ach, vergessen Sie den schönen Gott Narziss, sich ewig über sein Spiegelbild im Wasser neigend. Dass Sie österreichische Gelder zu den Rebellen im Tirol schmuggeln liessen, konnte nicht bewiesen werden. Ihr Bruder erwähnte den Geldtransfer in seiner Selbstbiographie als Tatsache. Ich hoffe, Sie haben es getan, immer nur *soumission, prudence, neutralité* ist nicht auszuhalten. Ich bedaure es, dass Sie nicht erwischt wurden, dass Sie nicht nochmals verhaftet oder im letzten Moment vor dem Tode durch Erschiessen bewahrt wurden durch eine Amnestie Seiner Majestät, der in einem Anflug von Grossherzigkeit, nach einer gut überstandenen Liebesnacht, ein paar Widerständler in seinen östlichen Untertanenländern begnadigte. Leserinnen haben Anspruch auf pikante Abwechslung, das müssen Sie wissen, sonst verpufft Ihre Causerie. 1811 erfolgte ein neuerlicher Befehl Talleyrands, Sie von der Tagsatzung auszuschliessen. Diesmal aber widersetzten Sie sich, der Befehl kam nicht direkt aus Paris.

Ihre Firma trieb wacker Schmuggel. Ihr tapferer, gottesfürchtiger Bruder Johann Caspar reiste nach Sachsen, um vorteilhaft konfiszierte englische Ware einzukaufen, liess sie in die Schweiz und in den Piemont schmuggeln, machte hohe Gewinne. In Kriegszeiten zu überleben, erforderte aussergewöhnliche Geschäftsmethoden. Beim Überleben geht es nicht um Moral, sondern ums Überleben, sagt in der Zeitung ein Journalist aus Wien. Wie brutal und wahr. Wenn hinter Ihnen und um Sie Ihre Zeit auftaucht, auftauchen muss, erscheint sie mir wie im Nebel, voll unscharfer, nicht kenntlicher Dinge, von sonderbaren Gestalten durchwallt, als eine Ansammlung von merkwürdigen, jedoch seltsam steif bleibenden Begebenheiten, ich meine, sie zu ergreifen und schon sind sie zergangen. Dann wieder erscheint mir Ihre Epoche als ein altes Wandgemälde im Dämmerlicht, ein von oben gesehenes, riesiges Feld mit Hügelchen, Städtchen, Wäldern, Dörfern, Ebenen, mit Zinnsoldaten, sich verziehendem Pulverrauch, mit Kolonnen von kleinen Kutschen, Warenwägelchen ziehen am Horizont, Reiter schütteln Geldtäschchen, in den Städten wimmelt es von geschäftigen Menschlein, auf dem Lande, ein Bäuerchen auf dem Acker, grasen Ziegen, trocknet die Bleiche, in einer entfernten Ecke wird geschlachtet, Menschen oder Vieh, in einer andern Gegend wird geflüchtet, durch ein Dörfchen geht eine Taufgesellschaft.

Die Bleisoldaten-Völkerschlacht bei Leipzig ist geschlagen. Im April 1814 dankte Napoleon ab. Bald werden in die Bibliotheken neue Folianten eingereiht.

Die Landsgemeinde in Trogen, Canton Appenzell VR, am 24. April 1814 besucht von Ihre Excellenz, dem Russisch-Kaiserlichen Minister Grafen von Capo d'Istria nebst mehreren Auswärtigen Hohen Staats Personen und einer Menge fremder Zuschauer steht fein gestochen unter einem hübsch gearbeiteten Kupferstich. Diese Landsgemeinde muss ein Höhepunkt in Ihrem Leben gewesen sein. Der Herr des Krieges ist gestürzt. Für Napoleon ist die Schweiz, vor allem das kleine Appenzellerland, nichts als ein Klecks auf der Karte gewesen, doch Sie, dessen bin ich fast sicher, haben ihn als Ihren persönlichen Widersacher empfunden. Nun werden Ihre jahrelangen Anstrengungen als Politiker, Ihr Durchhaltewillen belohnt und öffentlich anerkannt. Dieses Licht steht Ihnen zu. Von weither, von auswärts kommen die hohen Personen und feiern Sie. Als was? Als Staatenlenker? Solcher Ruhm ist unmöglich zu bekommen im eigenen Land, dem Holzbodenland. Lobsprüche fallen den Mitlandsleuten schwer.

Wegen mangelnder Qualität der Ausführung konnte dem russischen Gast ein Geschenk, ein allegorisches Gemälde, nicht überreicht werden: *Vivat Alexander der Grosse, Löw von Norden Retter der von Napoleon Bedrängt Gewesenen Europäischen Völkern Freunde der Schweizer Nation* lese ich auf der Photographie des Gemäldeentwurfs: In der Mitte befindet sich der Zar, umrankt von Lorbeer, links von ihm steht eine kindliche Anna Barbara Zellweger mit Händchen am Friedenszweig aus der Hand des Zaren, auf der rechten Seite Sie mit hoch erstauntem Gesicht, Ihre Rechte schlägt die Stirn, zwei Medaillons am unteren Bildrand mit den Inschriften *Emperor Franz I. und Friedrich Wilhelm Roi* machen mich lächeln, zuunterst ist das Wappen mit dem Appenzeller Bär, am oberen Rand des Bildes lese ich: *Sub Umbra Alarum Tuarum.* Ein naiver Maler hat ein unbrauchbares Kindergeschichtchen erzählt.

Ehrenfester Herr Landammann, ich muss mich einer winzigen Verdriesslichkeit erwehren, ausser dem Wechsel der Besucher, den nicht ausgewechselten Festlichkeiten, der Parade von 200 Mann, der Husarenkompanie reitend bis Vögelinsegg zur Begrüssung, dem Ehrengeleite bis nach Gossau zur Verabschiedung, ausser des Gewohnten für die Gäste mit Gefolge bleiben die Fakten, die ich mir über Sie erhoffe, weiterhin bar jeder Aufregung. Und doch denke ich, dass Sie ein aufregender Mann sind. Oder bin ich es, die Sie zu einem solchen machen möchte? Und was sind Fakten? Ungenau, leblos, ja dürr sind sie, nicht nur die aus historischen Schriften, aus Dokumenten, genommen in zweite Hand, in zehnte Hand, allmählich vermeintlich geworden, schon an der so genannten Quelle vermeintlich gewesen, denn aus einem Geschehen entsteht sofort eine Meinung, nur die vom Geschehen direkt Betroffenen haben keine Meinung, sie haben ein Erlebnis, sei es ein schreckliches oder ein freudiges, und ob schrecklich oder freudig, es versinkt in Wortlosigkeit, kommt verwandelt in das Erinnerte, kommt in seltensten Fällen auf ein Papier, wird somit notgedrungen wieder verwandelt, Papier gelangt in ein Archiv, wird möglicherweise gelesen, damit wieder verwandelt, wird vergessen, zerfällt zu Staub. Sie schweigen. Das ist das Verfluchte an Toten, sie schweigen. Und die noch Lebenden müssen an ihrer Stelle reden. Was soll ich reden? Die Geschichte weitererzählen? Wer erzählen will, muss in der Geschichte eine Geschichte wissen. Ich weiss nur ein Geschichtchen, und das noch ungenau. Jedoch Sie, auf Sie setze ich mein Vertrauen. Teilen Sie eine Geschichts-Auffassung? Was ist denn das wieder?, höre ich Ihre alte Ungeduld. Darf ich Ihnen darüber meine Erkundigung mitteilen? Es geht um die Frage, ob der Geschichte ein zyklisches Wiederkommen eignet, anders gesagt, ob sie betrachtet werden kann als eine zufällig sich wiederholende menschliche Bös- oder Gutwilligkeit oder ob sie, als Ganzes gesehen, ein Vorwärtsschreiten zu einem fernen, nicht bestimmbaren Ziel ist. Wofür entscheiden Sie sich? Sie schwanken? Ich auch. Ich nehme Zuflucht zu Büchern. Mit ihnen vergeht die Zeit. Sie vergeht gelesen wie ungelesen. Die Frage ist nur, ob sie zäh tropft, unfühlsam rinnt oder ich sie amüsiert oder angeödet vergesse. Herr Landammann, wir schlagen uns mit dem zähen Teig der Politik herum, gibt es daraus etwa Brot oder Kuchen?, mit dem zähen Gerede über eine oder keine Zentralgewalt, und in welchem Masse das geographisch Grössere oder finanziell Mächtigere das Kleinere regieren oder bestimmen soll und umgekehrt. Die *unité de doctrine* sei ein *enfant de la révolution*, aber die sei glücklicherweise zu Ende, sagen Sie. Die Lehre von 1798 habe für Sie lediglich im Abschaffen der alten Verhältnisse von regierenden Orten zu Untertanen bestanden und nicht in einem, hoppla, hören Sie das Gepolter?, Umsturz der Weltordnung.

Mit Napoleons Niederlage bei Leipzig war die Zeit, die später die Mediation genannt wurde, vorüber. Die Zerwürfnisse unter den Kantonen dauerten an. Die einen wollten, es waren Bern, Schwyz und Glarus, die vorrevolutionären Zustände, das heisst ihre Untertanengebiete zurück, die andern, vor allem die Zürcher, wollten einen Bundesvertrag mit den von der Mediation geschaffenen 19 Kantonen. Sie, Herr Landammann, dachten wie die Zürcher, die aus dem Neuen nur gewinnen, während die Berner nur verlieren konnten. Der Historiker bescheinigt Ihnen eidgenössische Denkweise. Statt Talleyrand herrschte jetzt Metternich, statt Frankreich die alliierten Mächte, Österreich, Preussen, Russland, England. 1814 versammelten sich die Vertreter von elf Ständen in Zürich, die von den anderen acht Ständen in Luzern. Die Minister der Mächte aber befahlen eine 19-örtige Tagsatzung, und Sie wurden als Vermittler zwischen den Uneinigen auf Reisen geschickt. Sie bewirkten durch dramatische Regie, durch Tränen und Drohungen, dass sich alle in Luzern versammelten, um dort weiterhin den Wortkampf zu pflegen. 9½ Kantone lehnten den neuen Verfassungsentwurf ab, 9½ Kantone stimmten ihm zu. Damit war die Schweiz in ein reaktionäres und ein mehr oder weniger fortschrittliches Lager gespalten. Sie wurden in den Vermittlungsausschuss gewählt. Erst durch die Androhung einer Zwangsmediation durch die Mächte erfolgte die Annäherung der beiden Lager. Die Gebietsstreitigkeiten unter den Kantonen dauerten weiter. Und Niederlassungsfreiheit? Gewerbefreiheit? Pressefreiheit? Sie schmunzeln, strecken Ihren Zeigefinger in die Luft, zeichnen Kreise, Punkte, Striche, Dreiecke, Spiralen, deuten auf mich. Verstehe, Freiheit ist eine schwierige Idee. Freiheit wovon und wozu? Freiheit ist Ergebnis langer Anstrengung. Bis zum Frauenstimmrecht dauerte es in Ihren Landen noch 176 Jahre.

Für den Historiker, Herr Regierender Landammann, geraten Sie nun in eine Lage, die er beschwerlich nennt. Um die Ratifikation durch die Alliierten zu erlangen, mussten die Kantonsverfassungen auf so wenig Demokratie als möglich beruhen. So entwarfen Sie schnell und geheim, um der Formalität zu genügen, zusammen mit dem Grossen Rat eine Scheinverfassung. Sie legten sie wohlweislich nicht der Landsgemeinde vor, weil in ihr das Recht des Landmanns, seine Anträge selbst vorbringen zu dürfen, unterdrückt war, wie auch das Recht auf ausserordentliche Landsgemeinde, einberufen durch den Grossen Rat. Nie aber regierten Sie nach der verschollenen Geheimverfassung, sie diente einzig dem Erhalt des mühsam erarbeiteten, noch schwachen Bundes der Kantone. Sie wurden zusammen mit Escher von der Linth eidgenössischer Repräsentant im Kanton St. Gallen. Das Volk forderte dort Stimmrecht und direkte Wahlen. In Sargans beschloss man, sich vom Kanton St. Gallen zu trennen. Im Rheintal und im Fürstenland wollte man eigene Staaten oder Anschluss an die Landsgemeinderinge von Glarus und Schwyz. Ihre Kenntnisse, Ihre Gewandtheit, Ihr Redetalent beruhigte die Leute. Wahlen in den sankt-gallischen Grossen Rat konnten stattfinden, aber noch ohne das Volk. Sehr geschätzter und geehrter Herr Vermittler, gekämpft wird heute nicht mehr um das Wahlrecht, ein schwaches Drittel der Berechtigten, manchmal etwas mehr, manchmal etwas weniger, bewegt sich noch an die Urne. In Sargans, darf ich das erwähnen, mein Herr, in der Nachbargemeinde meines Geburtsorts, aber gab das Volk keine Ruhe. Einer packte Sie am Hals, würgte Sie, mit Mühe, unter Schreien und Handgreiflichkeiten der Wütenden flohen Sie. Es drohte der Zerfall des Kantons St. Gallen. Die Tagsatzung besetzte darauf das Sarganserland mit Truppen. Hauptsächlich durch Sie wurde die gerichtliche Verfolgung der Rädelsführer angestrebt, alle Beteiligten wurden verhaftet, hoch gebüsst. Erst eine Amnestie durch den Wiener Kongress beendete das Verfahren.

Sie waren auch Vermittler und Streitschlichter, erfolgreich und vergeblich, bei Zwistigkeiten anderer Orte. Einige fühlten sich von Frankreich dem falschen Kanton zugeordnet. Bei Ihren Missionen machten Sie sich unbeliebt. Man nannte Sie den Repräsentanten Gessler. Man vergleicht Sie mit einer Gestalt aus der Weltliteratur, ist das nicht eine Ehre, mein Herr? Ohne jenen Vogt, der seinerseits wiederum andere Gestalten hervorruft, alle erfunden von einem deutschen Dichter in einem berühmten Schaupiel aus dem Jahre 1804, wäre der Mythos Schweiz nicht entstanden, wie er entstanden ist, hätte sich nicht gehalten, wie Mythen sich zu halten pflegen. Schnee von gestern? Wer sagt das, ich oder Sie?

Sie überwarfen sich mit Ihren Kollegen im Grossen Rat, weil die keine appenzellischen Hilfstruppen für den Einsatz im Rheintal und in Sargans bewilligten. Ruhe und Ordnung, nicht Chaos und Anarchie, waren es nun einmal, die Eindruck in Wien machten, dachten Sie. Weiss ich, was Sie dachten? Sie allein wissen doch, wie es in Wien war, denken Sie. Sind diese sturen Grinde je in Wien gewesen?, sage ich. Und der Kongress beschloss definitiv die Integrität der 19 Kantone. So, das hätten wir wieder einmal. Machtspiele sind wieder einmal, für ganz kurze Zeit natürlich, entschieden. Mag ich Menschen, die Macht haben und lieben und spielen? Es sind Tatkräftige. Ob gute oder schlechte, zeigt die Geschichte. Ob die gelesen wird? Machtmenschen sind zumindest auf einem Gebiet ehrliche Menschen. Ich mag Sie, Herr Regierender Landammann. Sie sehen mich erstaunt an. In Ihrer Zeit sagten Frauen solches nicht, bevor Sie gefragt wurden. Mögen Sie es, dass ich Sie mag? Oder ist Ihnen das peinlich, ist Ihnen das egal? Ich glaube, es ist Ihnen lieb. Sonst würden Sie nicht jeden Abend und heute sogar mittags, zwar nicht mit der Pünktlichkeit der Trogner Kirchenuhr, bei mir eintreten, sich verbeugen, Ihren gewohnten Platz einnehmen, Wein trinken, mir zulächeln, Sie würden nicht mit Ihrer Beredsamkeit, die ich leider, leider nur aus drittem, viertem Munde vernehme, mir Gesellschaft leisten.

Ich bin, im Gegensatz zu Ihnen, seit einiger Zeit ein parteiloser Mensch geworden, ereifere mich nicht mehr, obwohl ich eine Theaterliebhaberin bin. Auf jener Bühne kämpfen sie nur für eins. Und ich? Wofür soll ich kämpfen? Die Gegenwart dauere drei Sekunden, sage die Hirnforschung, sagt jemand am Radio. Zum zweiten Mal höre ich Ihre Frage: Was ist ein Radio? Hören Sie auf, mich zu belästigen. Antworten Sie mir denn? Mein Selbststudium von Geräten weisst grösste Lücken auf. Worte aus dem Lexikon zu servieren – Hochfrequenzschwingung, Sendeantenne, Wechselspannung, Demodulation, Ultrakurzwellen, Funkentstörung, Heimempfänger – widerstrebt mir. Ich sage dafür guten Nachmittag. Dann sage ich schönen Abend, gute Nacht. Ein mondbeschienenes Gespinst wünsche ich mir, an dem ich tageslichtig weiterspinne. Wer spinnt, hat Arbeit, die Spule wird nie voll, und es wird nicht gefragt, was nicht zu fragen ist.

VI.

Ich wisse über die Uhr eines Menschen Bescheid, wisse, wie er sich verhält, was er denkt, sagt, fühlt, sei mir von A bis Z bekannt, diese Meinung läutet nach meiner Erfahrung das Ende einer Beziehung ein. Es gefällt mir, dass ich nie genau weiss, wann Sie hereinkommen. Ich habe heute noch einen Gast, die Dame, die dort in der Bibliothek in der Ecke auf dem blauen Stuhl sitzt. Sie passt gut dorthin. Sie hat mich keines Blickes gewürdigt, ist vor ein paar Minuten in Erscheinung getreten, hat sich seither nicht gerührt. Auf den hoch gesteckten Locken unbestimmter Farbe trägt sie einen Sommerblumenhut, leicht aus der Mode gekommen, weit bauscht sich ihr moosgrünes Mousselinekleid, die Falten sind etwas zerknittert, ihre roten Lederschühlein schauen wie Mohnköpfchen unter dem Spitzensaum hervor. Warum küssen Sie Ihre Gemahlin nicht, Sie haben sie doch lange nicht mehr gesehen? Sie schütteln den Kopf, treten ans Fenster. Die Bäume leuchten im Abendlicht, der Kirchturm scheint aus rötlichem Fels, der Dorfplatz liegt auf der Spitze eines Berges, die schwarzen Pfeile der Schwalben kreuzen sich wie aus dem Nichts. Ich stehe neben Ihnen, drehe mich um, erblicke die Dame nicht mehr. Ich gehe zum Sofa, sehe sie wieder. Ich stelle mich neben Sie, und der blaue Stuhl ist leer. Mir dämmert, dort, wo Sie sind, kann ich die Dame nicht sehen. Würden Sie die Freundlichkeit haben, zum Sofa zu kommen und mir sagen, ob Sie Ihre Gemahlin von diesem Platz aus sehen? Nein? Sie erblicken Sie also nicht? Würden Sie die Freundlichkeit haben, sich im Raum zu bewegen und dabei den blauen Stuhl nie aus den Augen zu lassen? Sie bleibt für Sie also unsichtbar? Das erstaunt mich und erstaunt mich doch nicht. Wie können Tote – ich hoffe, ich beleidige Sie nicht – Tote sehen? Wenn Sie gestatten, lassen wir die grüne Dame, wo sie sich hingesetzt hat, und tun, als ob sie nicht da wäre. Vielleicht verleidet es ihr, und sie verschwindet. Ich hoffe, sie wird sich beim Verlassen des Raumes nicht im Schlafzimmer einnisten. Was ich dann zu tun hätte, weiss ich noch nicht. Ich würde grässliche Geräusche auf sie loslassen, eine Heavymetal-Band oder Technosound, mich treiben die in die Flucht, wie viel mehr sie, die Musikabende veranstaltete, dabei eine hummelsche Sonate spielte. Soll ich sie mit Mendelssohn aufscheuchen, mit der wunderbar italienischen, den stürzenden Lichtfluten, steigenden Fanfaren, die mir alle Härchen zu Berge stehen lassen? Ich frage mich, warum sie bei mir aufgetaucht ist. Nein, ich frage mich nicht. Nur vermeintlich Unschuldige fragen sich. Ich grabe in meinem Gedächtnis und finde unter anderem die subtilen Gefühle der Eifersucht. Nicht einer jäh ausbrechenden, in Schimpftiraden sich erlösenden, die Situation reinigenden, sondern in der verdeckten, unaufhörlich quälenden, einer Eifersucht unter der Maske des Wohlwollens, ja der vorgetäuschten Freundschaft. Es gibt keine peinigendere als die mit dem lächelnden Gesicht. Wer ist denn eifersüchtig? Sind Sie je rasend vor Eifersucht geworden? Haben Sie bemerkt, dass wir, Ihre Frau Gemahlin und ich, uns zuzwinkern? Monsieur, sind Sie ein Experte in dieser konfusen Seelenlage, wo nie sicher ist, ob sie sich in einem Gewitter oder in einem Dauerregen, in einer Aufklärung oder in einem zerstörerischen Blitz entlädt? Sie sind kein allzu selbstsicherer Querkopf. Ein Tobender, der fassungslos die Contenance verliert, sind Sie auch nicht. Welche ist es nun, die eifersüchtig ist?, zurück zur Frage. Ich bin springlebendig, und sie geht an Krücken. Würden Sie sagen, dass ich es bin oder sie es ist, die diese edlen Gefühle fühlt? Die Entscheidung muss ich Ihnen überlassen. Ich hoffe, sie falle Ihnen schwer.

Lieber Freund, ein Zusammenhang zwischen Fakten: 1814 Abdankung Napoleons – Abschiebung nach Elba – 1815

Rückkehr nach Paris – wird durch logische Satzverbindungen hergestellt. Geschichtsschreiber, Biographen bemühen sich darum. Über Napoleon, über dieses irrsinnige, unbegreifbare Genie jenseits aller Beurteilungen erwarten Sie doch von mir keine Neuigkeit? Unzählige hat er zu Phantasien, Mutmassungen, Gedanken, Forschungen bewegt. Sein Nachleben füllt Bibliotheken.

Als der Krieg erneut ausbrach, beschloss die Schweiz, ein Produkt Europas, 30 000 Mann zu mobilisieren. An der Tagsatzung, in den kantonalen Obrigkeiten gab es Disputationen: Neutralität ja oder nein und wie? Für Sie, Herr Landammann und Abgeordneter, war Neutralität, in Anbetracht der Lage, unmöglich. Napoleon sei nicht mehr der rechtmässige Monarch Frankreichs, er werde sich zudem für den Durchmarsch der Alliierten 1813 rächen, dazu sei der neuerliche Durchmarsch der Alliierten nicht aufzuhalten, folglich müsse, um der Erhaltung der Unabhägigkeit und Freiheit willen, das Opfer eines Anschlusses an die Mächte gebracht werden. Die Tagsatzung teilte Ihre Auffassung nicht, beschloss einen Kompromiss: Deckung der Grenzen, in dringenden Fällen Erlaubnis zum Durchmarsch. Dieser Beschluss brauchte die Zustimmung der Kantone. Sie führten die Landsgemeinde. Auf ein verabredetes Zeichen hin liessen Sie Ruhestörer wegschaffen. Ihrer Beredsamkeit gelang es, das Volk zu überzeugen, dass es besser sei, einen zweifellos erfolgenden Durchmarsch mit Entschädigungen zu bewilligen, als ihn ohne Entschädigung zu erleiden. Der Beschluss erhielt ein schwaches Mehr, aber kühn wiederholten Sie die Abstimmung, um, verkündeten Sie, die Freunde wie die Gegner der Regierung gleichermassen zu beruhigen. Meiner Meinung nach sind Sie der geborene Staatsmann. Wenn es nicht gelingt, Ihren Willen durchzusetzen, arbeiten Sie verdrossen unverdrossen weiter am Möglichen. So wurden Sie helvetischer Abgeordneter bei den Verhandlungen mit den Österreichern über Truppenunterkunft, Verpflegung und Requisitionsleistungen. Dass dann nichts entschädigt wurde, hatten Sie vorausgesehen oder kratzte das an Ihrem Weltbild? Die eidgenössische Armee verhielt sich defensiv. Wegen Grenzverletzungen gab die Tagsatzung dem eidgenössichen General die Erlaubnis zum Marschbefehl Richtung Frankreich. Darauf gab es Meutereien in den Bataillonen, auch in dem der Appenzeller. Sie, mein Herr, waren empört. Ein Soldat hatte nicht zu räsonieren, zu gehorchen hatte er. Diese Ihre Meinung gilt heute noch, freut Sie das? Sie wurden wieder einmal erwählt, zum Vertreter der Tagsatzung bei der Armeeführung, reisten ins Hauptquartier nach Neuchâtel, reisten nach Basel, um bei der kaiserlichen Hoheit, Erzherzog Johann, vorzusprechen und sich über seine Wünsche zu erkundigen. Der erinnerte sich an Sie, wünschte die Beteiligung der Schweizer an einer Belagerung jenseits des Rheins. Die Tagsatzung zögerte, doch sie liebäugelte mit Grenzbereinigungen. Der General, wegen Disziplinlosigkeit der Truppe, entschloss sich eigenmächtig zum Rückzug. Sie seien sehr scharf gegen den greisen schwerhörigen Oberkommandierenden vorgegangen, mit allem Hochmut, dessen Sie fähig seien. Ihr Bericht an die Tagsatzung zeigt Ihre scharfzüngige Art, Menschen nach Ihrem Gusto zu charakterisieren.

Am 30. November 1815 starb Ihre mich beindruckende Frau Anna Barbara Zellweger née Zuberbühler. Sie hockt jetzt bei mir auf dem blauen Stuhl. Ich sehe hie und da zu ihr hinüber. Niemand wird mich dazu bringen, ihr Wein oder einen andern Muntermacher anzubieten. Soll sie sich zum Teufel scheren, im Himmel mit den wiedergetroffenen Engeln scherzen, sie hat hier nichts zu suchen, oder soll ich ihr noch eine Gnadenfrist geben? Darüber aber werd ich Sie nicht befragen, dem Geheimnis zwischen Ihnen und ihr komme ich sowieso nicht auf die Spur. Mein Problem ist: Sie erinnern sich nicht. Sie wollen sich nicht erinnern. In meiner Wohnung aber habe ich zu Gast, wen ich will. Sie will ich nicht, allen Höflichkeiten zum Trotz. Sie schmunzeln? Erinnern mich an meine kleine Rede über die Eifersucht? Einverstanden, eine zweifelhafte Rede.

Ihre Trauer lässt mich im Moment kalt. Warum? Darüber, mit Verlaub, möchte ich schweigen. Auf meinem Schreibtisch liegt das Photo Ihres Porträts. Ich schiebe es beiseite. Mantel aus Samt, Halskrause aus weissen Spitzen, weisseste Manchette aus plissierter Mousseline, spöttisch stolzes Lächeln, sinnliche Lippen, mächtige Nase, breitflächiges Gesicht, seltsamer Blick, halb innen, halb aussen, schwer zu benennen, halb melancholisch, halb herrschend, fordernd, machtgewohnt. Sie waren 1813 Sieger im Streit mit Innerrhoden um den Gesandtensitz an der Tagsatzung geworden. Die beiden Halbkantone hatten nur eine Stimme, bei Uneinigkeiten, was meistens der Fall war, keine. Ausserrhoden bekam nun zwei Jahre lang den Vorsitz, dann wurde täglich abgewechselt, ab 1817 fand der Wechsel jährlich statt. Ebenso hartnäckig stritten Sie mit dem Innerrhoder Landammann über Niederlassungsfragen von Katholiken und Protestanten. Innerrhoden fürchtete Überfremdung durch Ausserrhoder.

Sind Sie von Zeit zu Zeit mit nichtgenanntem Ziel verreist? Weg von Sitzungen, Satzungen, weg vom Verwaltungspapierkram, von Paragraphenschinderei, fehlenden Staatsfinanzen, fehlenden Transportmitteln, Fehlendem, Fehlendem, weg von den stieren Blicken der Langsamen, der Stotterer, der Schwerbegreifenden, der Niebegreifenden, weg von den Hinterwäldlern, Vorder-, Mittelwäldlern, dem Zensurieren, Juristieren, Lavieren, dem Schwadronieren, Kopulieren, dem Worteklauben, Himmelsglauben, Wutschnauben. Sind Sie sich nie verleidet? Ist Ihnen, einmal wenigstens, nicht alles und jedes egal gewesen? Ich verstehe, dass Sie mich nicht verstehen. Solche Anwandlungen, Nervenkrisen, Lebenskrisen, Wegwerfwünsche, Fluchtgedanken, solche Sucht nach Veränderung, Nochniedagewesenem, nach Alleranderstem, solchen Wahn, jemand ganz anderes zu sein oder zu scheinen, seinem Gefängnis zu entfliehen, sich auszuweiten, in die Beschränktheit seines Hirns einen Explosivkörper zu werfen, solche Wünsche, Sehnsüchte, kennen Sie die? Der Historiker sagt Ihnen einen leichtfertig verschwenderischen Lebensstil nach. Er verweist auf eine Briefstelle Ihres Vaters. Sie sind der, der nicht gerne arbeitet, zu grosse Ausgaben macht und den grossen Herrn spielt. Ich aber sehe mit mindest so grossem Vergnügen zu, wie Sie die Gulden mit feinen Händen aus Ihrem vergoldeten Vierspänner werfen, die Guldensammelnden ihre Arme zum Himmel recken, kniefällig niedersinken, wie sie jubeln, klatschen. Ich sehe mit Vergnügen, wie Sie die Husaren als Leibgarde und zur Verhöflichung Ihrer Lebenslust benutzen. Schön ist es, Ihnen zuzuschauen, mit welcher Glut Sie das Geld verstreuen, es liegt nicht hart im bleiernen Dunkel, es erschafft Gelage, Gelächter, Musik, Augenblicke der Entspannung vom Todesernst, Augenblicke von Schönheit und Leichtsinn. Der Schwersinn kommt von alleine. Freude will erschaffen sein. Glück ist keine einfache Sache, soll es Schwung erhalten, imaginiert und verwirklicht muss es werden. Feste feiern, wie sie fallen, ist nicht genug, Feste wollen ein verschwenderisches Herz. Mein teuerster Freund, und ganz nebenbei retteten Sie die Schweizer Ehre, Geldhaben war Ihnen nicht genug, Sie beobachteten es nicht, horteten es nicht, seine Vermehrung liess Sie kalt. Sie sind eindeutig ein Mann nach meinem Geschmack.

Kriegsdienst leisten bleibt ein Beruf der Schweizer, auch nach Napoleons Sturz. Wie sich das Söldnerwesen mit der Neutralität vereinbaren lässt – die Mächte garantierten jetzt diese Neutralität – war nicht nur ein politisches Dauerthema Ihrer Zeit, mein Herr.

Ausserrhoden schloss als einziger Kanton keine Militärkapitulation mit Frankreich ab, das heisst, keinen Vertrag, der die Dienste von Soldaten verlängerte. Der Grund dafür war persönlichster Natur: Jenes französische Zollgesetz, das 1814 die Einfuhr schweizerischer Industrieprodukte sowie deren Transit durch französische Häfen verbot, hatte Ihr noch pochendes Kaufmannsherz in Rage gebracht. Anstelle des Söldnerdienstes dachten Sie an eine andere Art von Verdienstmöglichkeit für die Mittellosen: staatlich unterstützte und bezahlte Auswanderung nach Russland oder Brasilien. Capo d'Istria, der russische Minister, aber klärte Sie auf über die unüberwindlichen Schwierigkeiten einer solchen Kolonisation.

Als Mitglied einer eidgenössischen Kommission zur Beratung der leidigen Handelsverhältnisse mit Frankreich arbeiteten Sie 1816 einen Vertrag aus. Der preussische Gesandte, in der Meinung, ein solcher Vertrag binde die Schweiz wieder enger an Frankreich, liess Ihnen ausrichten, ein Vertragsabschluss werde Ihnen persönlich schaden. Und Sie stoppten die Verhandlungen. Der Preusse nannte Sie daraufhin einen Feigling. Was war geschehen? Warum ängstigten Sie sich vor dieser Drohung? Ihre unbekümmerte Sicherheit war dahin. Der Tod Ihrer Frau hatte Sie verwundet. Hatte er auch Ihnen seinen Atem ins Gesicht geweht? Schreckten Sie nachts angstschwitzend auf? Keine Geschichtsschreibung deckt das Innere eines Menschen auf, sie ist zu grob für das feine Gewebe der Seele. Um zu ahnen, wie Ihnen zumute war, muss ich mich selbst erahnen.

Die Dame sitzt immer noch auf dem Stuhl, braucht weder Anrede noch Labsal. Sie hört uns zu, beobachtet mich, ich weiss es, denn ich beobachte sie. Sie weicht meinem Blick aus. Ihnen kann das egal sein, mich stört das. Sie nervt mich. Ich will keine Zuhörerin meiner Gespräche mit Ihnen. Ich will das, was mir beliebt, frei sagen können. Ausserdem meine ich, ihren Geruch zu riechen. Es ist mir unmöglich, eine Lebende zu morden, aber eine Tote zu töten wird mir gelingen. Wird es nicht meine Pflicht, sie endlich ins Jenseits zu befördern?

Und Sie, wann erinnern Sie sich endlich? Ich habe noch ein anderes Dasein als das der wertschwankenden Unterhaltung mit Ihnen. Was sich mir im Verlaufe einer einzigen Tagesstunde aufdrängt, mag ich Ihnen gar nicht erzählen. Es fängt morgens an, ein Frühstück ohne Brot ist ein schlechter Beginn, dann kommt der Anruf einer Freundin mit Berichten aus ihrem Leben, ich habe genug an meinem, also schiebe ich das ihre weg, kurze Lektüre eines Zeitungskommentars über die gestrige Abstimmung, worüber wurde denn wieder abgestimmt?, Anruf einer anderen Freundin, X ist gestorben, Krankheitsgeschichte von X, Überlegung, ob ich Y anrufen soll, mit Wiederholung und Ausschmückung der Geschichte des Zutodegekommenen, Trinken eines Glases Wasser, Spüren eines Loches im Magen, Überlegung, was mittags gekocht werden soll, Schreiben einer Einkaufsliste, Blick auf die Uhr, Gang durch die Wohnung, Schliessen von Fenstern, es regnet, das Betrachten der Wetterlage inbezug auf meine Gemütslage, all diese Nichtigkeiten, wozu soll ich denn ein Gemüt haben?, ich blättere im Duden Nr. 5 nach Erklärungen für aufnotierte Fremdwörter, vielleicht ist es mein Unwissen, was mich stört, oder ist es das Fehlen von etwas, was mich stört, das Herumfahren der Zunge in einem Zahnloch stört mich, ein Zahn hat eine Plombe verloren, das Loch ist ein Riesenkrater, das Mundklima schlecht, und dann Sie, wieder Sie, ich kann Sie nicht kauen, nicht verdauen, aber eine Frage sei mir gestattet: Wie haben Sie es mit den Zähnen und dem Zahnfleisch, mit der Schwachstelle des späteren früheren Menschen, falls er nicht besonders von der Natur beschenkt, des Menschen ohne Zahnärzte, nur von Zahnausreissern Milde erhoffend? Ach, jetzt sind Sie weggegangen. Ich verstehe. Wer lässt sich schon gerne aufspiessen, zerschneiden, zu Munde führen, essen, vergessen, ausscheiden. Adieu, bis morgen! Ich weiss, Sie kommen wieder, Sie sind neugierig, wie es weitergeht. Ob Sie noch eine Weile weiterleben? Ja, ich glaube schon, falls Sie sich etwas kooperativer zeigen.

VII.

Mein verehrter Freund, verzeihen Sie! Was zu verzeihen sei? Diesen Abend wollen wir besonders feiern. Wählen Sie den Wein, geniessen Sie ihn, lehnen Sie sich zurück. Gestatten Sie die Frage, wie es Ihnen ergeht. Fühlen Sie sich wohl?

Hochgeachtete, Hochgeschätzte Herren eines ehrsamen Grossen Raths! Ohne in die Wiederholung aller Gründe einzutreten, welche ich letzten Donnerstag zu Unterstützung meiner ebenso ehrerbietigen, als dringenden Bitte um Entlassung meines Amtes vorzutragen die Ehre gehabt habe, kann ich nicht unterlassen die Aufmerksamkeit eines ehrsamen Grossen Raths noch einige Augenblicke auf diesen für mich so wichtigen Gegenstand zu lenken ... So lange meine mir am Herzen liegende Familie gleich gut besorgt war, ich möchte noch so sehr in oder ausser dem Land vom Amte in Anspruch genommen worden sein, so setzte ich mich über allen ökonomischen Schaden hinweg, den mir mein Amt zufügte ...

Erkennen Sie ihn wieder, Ihren Brief aus dem Jahr 1816? Ihr Bruder Johann Caspar trat 1808 aus dem Handelsunternehmen aus, Sie schuldeten ihm mehrere hunderttausend Gulden, bis 1813 abzuzahlen. Er warnte Sie, die ganze Firma auf sich zu nehmen, schlug Ihnen eine Kommanditgesellschaft vor: Die Chefs der Häuser in Genua, Triest, Lyon und Barcelona sollten auf eigene Verantwortung handeln und persönlich mit einer Einlage haften. Sie lehnten den Vorschlag ab. Die Leiter der Filialen schrieben besorgte, mahnende Briefe. Wegen anhaltend schlechter Geschäftslage wuchs des Bruders Beunruhigung, er löste sich von der Garantie für die Hunderttausenden von Gulden, die er mit Ihnen zusammen dem Stiefbruder schuldete. 1814 mussten Sie Johann Caspar flehentlich um Beistand bitten. Verwandte eilten Ihnen zu Hilfe, sie brachten eine Summe zusammen, die aber die Schulden nicht deckte.

Diese Opfer brachte ich dem Vaterlande willig, in der Hoffnung, dass wenn Gott wieder einst ganz Europa und unserm lieben Vaterlande Friede und Ruhe schenke, so werde dann eine hohe Landesobrigkeit und das gesammelte Volk, eingedenk der kummervollen Zeiten, wo ich dem Schosse meiner Familie gewaltsam entrissen und Monate lang als Staatsverbrecher behandelt wurde, eingedenk der beschwerlichen Monate und Jahre dauernden Abwesenheiten und der täglichen Versäumnisse an meinen Berufsarbeiten, eingedenk der Willfährigkeit mit der ich mich jedem Auftrag unterzogen …

Mein verehrter Freund, ich will und mag Ihnen diesen Brief nicht in der ganzen Länge vorlesen. Er ist ein Dokument von Qual und Verzweiflung. Oder täusche ich mich? Ich forsche in Ihrem Gesicht, ich sehe Ihr schwer zu beurteilendes Lächeln. Das sei der Briefstil der Zeit, kratzfüssig und gliederverrenkend?

…. da es über dieser alles leitenden Vorsehung gefallen, mir meine Gattin zu entreissen … ebenso zärtliche und treue Mutter … geschickte und arbeitsame Haushälterin … Hauptstütze entrissen … allein und verlassen in einem Nachdenken und Arbeit erforderlichen Beruf … zahlreiche anwachsende Haushaltung, wovon 5 Söhne besonders väterlicher Aufsicht bedürfen … soll ich an der Spitze eines Volkes stehen, dessen unverdient grosses Zutrauen mir alle Zeit raubt, all mein Sinnen und Denken erfordert und meine Kräfte gänzlich erschöpft … Nein, hochgeachtete, hochgeehrte Herren eines ehrsamen Grossen Raths, es ist nicht möglich, dass Ihre Pflichten gegen das Vaterland so weit gehen sollen, einen Mann unglücklich zu machen, selbst der Landeseid fordert das Unmögliche von Niemand und daher erhoffe ich von Ihrer edlen Denkungsart … Versetze sich jeder von Ihnen … in meine Lage und Sie werden aus Mitleiden sich bewogen fühlen, mir meine Bitte zu gewähren …

Auf Ihrem Gesicht liegt leise Belustigung, das beruhigt mich. Warum aber so devot, um nicht zu sagen larmoyant?

Der Grosse Rat lehnte es ab, über Ihre Bitte um Entlassung zu entscheiden. Die Landsgemeinde, der Ihr Brief vorgelesen wurde, bestätigte Sie als Landammann. Ich verstehe nicht, warum Sie nun nicht Ihren Willen hart durchsetzten. Wer oder was hätte Sie denn weiterhin ins Amt zwingen können? Ich vermute, Sie selbst waren es. Überkam Sie die Hoffnungslosigkeit eines Kapitäns, der zusehen muss, wie sein Schiff sinkt? Das geduldige unspektakuläre Arbeiten eines Geschäftsmannes, der zu retten versucht, was zu retten ist, war Ihnen nicht mehr möglich. Sie konnten nicht mehr zum Vater zurück. Vor der Schande, der Ächtung, der Häme, der Schadenfreude flohen Sie in die Betriebsamkeit des Amtes. Das verstehe ich.

Ihre Frau habe Sie auf dem Totenbett angefleht, sich aus der Politik zurückzuziehen. Tuberkulose kann es nicht gewesen sein. Sie war kein mangelernährtes, in Staub und Dreck vegetierendes Weberweib. Unzählige Male erlitt sie ein Gebären. Sie hatte keine Wahl. Empfängnisverhütung kannte noch niemand. Starb sie an Erschöpfung? Woran starb sie? Ich will einen Grund für das Sterben, irgendein Wort, das auf den Sarg geklebt werden kann, eine Etikette, die dem Unerklärlichen die Unerklärlichkeit verklebt. Woran werde ich sterben? Abgemagert zum Skelett, kahlköpfig, als ein Haufen Elend, eine hirnleere, sabbernde Idiotin?

    Ich habe kein Mitleid mit ihr. Sie hat es hinter sich. Mir steht es noch bevor. Sobald ich mich ihr nähere, ist sie weg. Ist wieder da, wenn ich das Essgeschirr weggeräumt, nicht mehr an sie denke. Mit einer Kinderpistole ziele ich auf sie, sie verschwindet, ist zurück, wenn Sie gekommen sind. Sie verlässt mich mit Ihnen, kaum drehe ich mich um, höre ich das Rascheln ihres Kleides. Ich gehe mit einem Feuerhaken auf sie los, sie wird Luft. Unter ihrer Schminke sehe ich gelbe Blässe. Sie hat die Augen einer Schildkröte. Ein verrunzeltes Lid hängt schief. Im Grab, nicht bei mir, soll sie vermodern.

Mit Ihnen, lieber Freund, fühle ich noch weniger Mitleid. Mitleid ist mir verhasst, es tötet die Liebe. Wenn Sie klug sind, und das sind Sie, retten Sie aus der Pleite ein paar Münzsäcke und gehen schlank um den Rank. Geld zu leihen an den Fürsten Esterhazy, an den österreichischen Gesandten Lichtenthurn, an den spanischen Staat und es nie mehr zurück zu bekommen, war mehr als ein hässlicher Ärger. Wo sind Ihre Gedanken?

1818 entliess Sie die Landsgemeinde. Was zu Ihrer Nichtwiederwahl beigetragen habe, sei neben dem Falliment und jenem nicht geglückten Kornhandel eine Revision des alten Landbuches gewesen, die unter Ihrer Leitung geheim erfolgt sei und die Rechte der Landsgemeinde vermindert habe. Sie seien dann einfach vom Stuhl hinuntergestiegen und hätten sich unter das Volk begeben. Da stehen Sie unter der Menge, nicht oberhalb, nicht ausserhalb. Ihr Blick schweift über die schmächtig gewachsenen, hageren Männer mit dem Seitengewehr, der von der Webarbeit schiefen Achsel, den rissigen Händen, der kurzen Jacke und Weste, Männer, den Hosenbund über den Beckenknochen mit breiten Trägern hochgehalten, manchen hängt das Hemd hinten heraus, was etwas lächerlich wirkt. Sie stehen unter jenen, die vor zwei Jahren Ihrem dringenden Wunsch nicht nachkamen, jetzt Ihnen zuzwinkern, als sei es ihnen gelungen, Sie in eine Falle zu locken, als seien Sie einer von ihnen, des Schreibens, des Lesens nicht oder schwerlich mächtig, nie ausserhalb der Gemarkungen gelaufen. Sie sehen diese kantigen Gesichter, scharfe Römergesichter mit Hakennasen, sie sehen die pfiffigen Augen, ein gewisses Lächeln oder auch kein Lächeln um die schmalen Lippen. Was ging derweil in Ihnen vor? Ich mag es mir kaum vorstellen. Wurden Sie gegrüsst? Umgab Sie Schweigen? Wurde vor Ihnen zurückgewichen? Ihrem Blick ausgewichen? Hörten Sie Spott? Einen Dank? Erwarteten Sie etwas? Erwarteten Sie nichts? Was fühlten Sie?

Enttäuschung, Wut, Trauer, Erbitterung, Erleichterung, Furcht, Befreiung? Oder nichts von alledem, nichts, was ich nachfühlen könnte? Sie gingen bankrott. Was heisst das? Was hiess das in Ihrer Zeit? Hat sich die Firma Zellweger und Söhne schlicht und einfach für zahlungsunfähig erklärt? Sie seien genötigt gewesen, das Geschäft zu liquidieren. Was geschah mit den Warenlagern in Lyon, Genua, Cadix, Barcelona, Bordeaux, Frankfurt, Leipzig, Bozen? Was mit den Geschäftsbeziehungen, die sich unter Ihrem Vater und Bruder von Lissabon, London, Manchester bis nach Petersburg, Moskau, von Hamburg bis nach Catania und Malta erstreckt haben sollen? Ein Feuer erlosch.

Nach der Abwahl liegt Ihr äusseres Leben nicht ganz im Dunkeln. Unter die Bettler mussten Sie sich nicht reihen. Statt Hauslehrer zu beschäftigen, steckten Sie Ihre fünf Söhne in Privatinstitute in Ludwigsburg und Zürich. Sie gingen auf Reisen. Nach Lyon, über Nancy nach Aachen, verbrachten am Konferenzort der Grossmächte ein paar Tage. Waren es vergnügte? Waren die Freunde noch Freunde geblieben? Capo d'Istria liess Sie auflaufen. Sie nützten ihm nichts mehr. Sie wären gerne in diplomatische Dienste getreten. Es gelang nicht. 1820 gründeten Sie mit vier verwandten Herren eine Erziehungsanstalt für Knaben, die für sechs Jahre auf Kosten der Gründer unterhalten wurde. Daraus entstand die heutige Kantonsschule. Und mit geheimer Ironie waren Sie, der nichts vom Sparen hielt, Mitbegründer der Trogner Ersparniskasse.

Sehr geehrter Herr Alt-Landammann, verehrter Freund, erlauben Sie, dass ich mich fortbegebe in bessere Zeiten. Erinnern Sie sich an Hortense, Ex-Königin von Holland? Oder ist Ihnen eine Erinnerung an diesen Namen unangenehm? Das kann es Ihnen nicht sein. Wie ich dieses Geschichtchen lese, erblicke ich klitzeklein etwas von Ihrem verborgenen

Wesen, es funkelt etwas Überraschendes, was mich so sehr interessiert, dass ich deswegen, das heisst Ihretwegen eine steinerne Treppe ungenügend achte, die letzten Stufen hinunterfallend, mir Knie und Wadenbein aufschürfe. Vom jähen Sturz, von der Umkehrung des Blutkreislaufs für einen Moment von Ohnmacht bedroht, von einer zufällig anwesenden Krankenschwester zu sich nach Hause geführt, gepflegt, in die Realität, die finstere zurückgeschubst, muss ich zur Vernunft zurückkehren. An diesem Fall, verursacht nicht ausschliesslich durch Sie, um ehrlich zu sein, verursacht durch mein geheimes Gebrechen, leide ich noch lange. An Menschen, die ich mag, leide ich mein ganzes Leben, das bin ich gewohnt. Welches mein Gebrechen ist? Später, lieber Freund.

Hortense, 33-jährig, Schwägerin Napoleons, nach Konstanz verbannt, wünschte, eine Molkenkur in Gais zu machen, fragte Sie, ob sie dort keine polizeilichen Unannehmlichkeiten zu erwarten hätte. Sie versicherten ihr den besten Empfang und boten ihr Ihren Wohnsitz, Ihre Gastfreundschaft an. 1816 wurden Sie von dieser Madame la Duchesse de Saint Leu besucht, gaben ihr zu Ehren ein Diner, wurden ihr Beschützer, halfen mit, dass die Entthronte in der Schweiz Wohnsitz nehmen konnte. Die Korrespondenz zwischen Ihnen und ihr sei beseitigt worden, das Gerücht einer Romanze bleibt. Wer etwas auf sich hält, schreibt Memoiren, wie viel mehr die Zicke Hortense, die in ihrer Arenenberger Langeweile schrieb: *Quant à mon landammann, il revint sur mon compte avec un tel enthousiasme que, malgré ses cinquante ans, il finit par m'offrir sa main et sa fortune … Depuis il a senti le peu de convenance de sa demande, sans cesser de m'être dévoué …* Ich habe stets Ihre Partei ergriffen, als Ihre Freundin wage ich die Vermutung, dass Ihr Antrag ein Versuch war, in Ihr einsam gewordenes Leben etwas Unterhaltung zu bringen, der Lebenserstickerin Resignation zu entfliehen, und die Nichtannahme Ihnen nicht viel Herzeleid verursacht hat, im Gegenteil, Sie wären geflohen, hätte sie ihn angenommen. Dass Sie fortfuhren, der Dame ergeben zu sein, beweist Ihren Spass am Nichternstgemeintem. Sie gewannen damit die Möglichkeit, galant pikant zu parlieren. Oder schmeichelte der Antrag Ihrem verletzten Stolz?

Napoleon, der seine Verwandtschaft in den Adel erhoben hatte, war auf die Atlantikinsel verbannt, der Adel, die trügerische Vorspiegelung und die Sehnsucht danach, lebten munter weiter. Demokratie ist eng begrenzt, ohne diplomatische Schweiferei, ohne Glanz. Das Volk ist holprig, unbelehrbar, handelt nach Laune, nach Willkür. Der Adel handelt in gleicher Weise, jedoch eleganter, wortreicher, wohlriechender. Warum Sie nicht die Pferde wechselten im Lauf, nicht, bevor es zu spät war, die Sieger witterten, warum Sie nicht dort standen, wo die Mächtigen erst ankamen, ich klage das Schicksal an. Die Lust an Worten aber konnte Ihnen niemand nehmen. Die Lust zum Schein habe auch ich. Gehen Sie nicht, bleiben Sie, reden wir, reden. Einzig die Worte heben uns aus der stummen Masse. Ihr Spiel enthebt uns der stumpfen Not, in die uns die Realität zwingen möchte. Wären Sie der Tuchhändler, der Kaufmann geblieben, hätten Sie Ihr Erbe angetreten und vermehrt, wären Sie Gast bei mir geworden? Nein, hätten Sie gesagt, wie komme ich dazu, Sie zu besuchen, wer sind Sie denn, ausserdem habe ich anderes zu tun, wer nicht ständig kalkuliert, der verliert. Sie aber sind gerne und viel zu denen gereist, die Sie achteten, schätzten, ehrten, bewunderten, gerne zu jenen, die zu reden verstanden. Wie Sie merkten, dass Sie den Anschluss verpasst hatten, war es zu spät. Die neuen Jacquard-Webstühle, die neuen Methoden der Tuchherstellung gehörten in eine Ihnen fremd gewordene Welt. Den Veränderungen des kaufmännischen Denkens liefen Sie nicht mehr nach.

Sie werden alt, mein lieber Freund. Mit Schrecken, mit Entsetzen sehe ich es. Ihr Schritt ist nicht wieder zu erkennen. Ihre Gestalt schlottert. Ihre Wangen hängen. Sie riechen nicht mehr gut. Alt werdende Menschen zu lieben, muss ich erst lernen. Ich muss erst lernen, die Vergänglichkeit zu lieben, bevor ich Ihnen zum Leben verhelfen kann. Ich bitte Sie, mich zu verlassen. Langsam wie Blätterfall, rasch wie aufgehende Sonne verlässt uns die Wärme. Welches Gebrechen ich habe, wollen Sie noch wissen? Hahaa, neugieriger Alter, soll ich mich entblössen? Ich habe nur ein Auge, mein Herr, auf dem andern bin ich blind.

Kommen Sie zurück, bitte! Kommen Sie schnell, schneller! Lassen Sie sich zum letzten Mal umarmen. Sehen Sie, die grüne Dame sitzt nicht mehr bei mir. Der blaue Stuhl bleibt leer. Die beste Methode, einen Menschen, ob tot oder lebendig, in die Flucht zu schlagen, ist von ihm zu schreiben, seine Briefe zu öffnen, ihn als Randfigur der Geschichte zu beleidigen. Adieu, mein Freund, Sie fliehen nicht. Sie sterben. Im gleichen Jahr wie der, der Ihre Politik und die Europas bestimmte, zu bestimmen schien. Wer oder was uns in Wirklichkeit regiert, bleibt unbestimmt. Sie sterben zu früh, einundfünfzig ist doch kein Alter. Sobald es geschehen ist, ist ein Zufrüh oder Zuspät bedeutungslos. Ohne krank gewesen zu sein, nur unsichtbar krank, am Herzen, im Hause Ihrer Tochter, rasch überraschend, leicht leichtwerdend, verlassen Sie am 3. April 1821 die Welt. Wie mich das schmerzt.

Nein, nicht so rasch! Drehen Sie sich bitte nochmals um. Nicht abwesend, als ginge ich Sie nichts mehr an. Welcher Ort? Welcher Platz? Welche Zeit? Die Grenzen verschwimmen. Lächeln Sie wie damals, als Hortense im Kellergewölbe uns einsperrt, ich auf Ihren Schultern ins Freie finde, und wir erstürmen die Treppe. Geben Sie mir eine Frist, eine neue Möglichkeit! Wieder sehe ich Ihr spöttisches Lächeln. Es sei mir nicht gelungen, Sie ins Leben zurückzuführen? Ich weiss. Ich müsse halt endlich auf die Welt kommen, auf die meine? Ich weiss. Nicht auf Ihre, Monsieur! Die Verhältnisse gefallen mir dort nicht, die sozialen, rechtlichen, die hygienischen, medizinischen, die Seufzer der Mägde am Dorfbrunnen, wo sich das wenig Heitere mit dem vielen Nichtheiteren trifft. Und die Abschiede gefallen mir nicht, auch in meiner Welt nicht, die plötzlichen stummen, die endgültigen.

Gehen Sie, Sie müssen jetzt gehen! Adieu! Gute Reise! Der Kutscher hat die Pferde vorgespannt. Hufe schlagen das Kies. Der Staub legt sich.

Bibliographie

TANNER, ALBERT: *Das Schiffchen fliegt, die Maschine rauscht: Weber, Sticker und Unternehmer in der Ostschweiz.* Zürich 1985.

RUESCH, HANSPETER: *Lebensverhältnisse in einem frühen schweizerischen Industriegebiet: sozialgeschichtliche Studie über die Gemeinden Trogen, Rehetobel, Wald, Gais, Speicher und Wolfhalden des Kantons Appenzell Ausserrhoden im 18. und frühen 19. Jahrhundert.* Diss. Basel, Basel 1979.

SCHLÄPFER, WALTER: *Landammann Jacob Zellweger von Trogen, 1770-1821. Der Kanton Appenzell A.-Rh. 1797-1818.* Diss. Zürich, Basel 1939.

ZELLWEGER, OTTO: *Der Dorfplatz in Trogen. Geschichte der Familie Zellweger.* Trogen 1954.

Zellweger-Chronik, 3 Bde., Manuskript
(Kantonsbibliothek Appenzell A. Rh., Trogen).

Bildnachweis Umschlag

Jacob Zellweger-Züberbühler (1770–1821)
Ölgemälde von Felix M. Diogg, 1794
(Kantonsbibliothek Appenzell A. Rh., Trogen).

In dieser Reihe sind im Appenzeller Verlag erschienen:

Fred Kurer, Ivo Ledergerber
Hierzulande hat jedermann nur den Säntis im Auge

Kabarettistische bis ernsthafte Höhenwanderungen und allerhand Höhenflüge zum und um den Säntis. Gedichte über dieses Gebirge, das die beiden in seinen Bann gezogen hat und nicht mehr loslässt. Ernst und Schalk geben sich die Hand, Fabulieren und Nachdenken wechseln sich ab.

Fred Kurer/Ivo Ledergerber:
Hierzulande hat jedermann nur den Säntis im Auge
88 Seiten, broschiert, ISBN 3-85882-285-X

Kurt Fröhlich
Die Galeere am Säntis

Endlich! Der seit mehreren hundert Jahren verschollene Codex 995a 124 der Stiftsbibliothek St.Gallen ist aufgetaucht. In dieser Handschrift schildert Laienbruder Filippo seine Flucht von Avignon ins Appenzellerland, mit dem Ziel, Köln zu erreichen. Eine fantastische Geschichte.

Kurt Fröhlich: **Die Galeere am Säntis**
64 Seiten, broschiert, ISBN 3-85882-304-X

Peter Morger
Ein- und Ausfälle

Ein Gemischtwarenband

Eine wahre Flut von Aphorismen, Kalendersprüchen, Autarkem, kleinen Weisheiten, Egomanischem, grossen Dummheiten, Eingebungen, Einsichten, Einflüsterungen, Hieb- und Stichworten, Autistischem, Hirnereien, Gedankensprüngen und -pirouetten lässt der Autor über die Leserinnen und Leser schwappen. Ein Gemischtwarenband aus dem Bauchladen des Appenzeller Schriftstellers, das schlaue Buch von Peter Morger, wie er es unbescheiden selbst bezeichnet.

Peter Morger: **Ein- und Ausfälle**
80 Seiten, broschiert, ISBN 3-85882-323-6